JN016483

運動遊びの アイデアBOOK

白金　俊二 著　　イラスト／薫紫亭

ほおずき書籍

はじめに

○そもそも「運動遊び」って？

2015年のことだったと思います。ある園から、子どもたちに運動遊びの指導をしてほしい、保育士に参観させてほしいと依頼されましたので快く引き受けました。

年長児向けに30～40分くらいだったでしょうか、主に鬼ごっこやボールを使った遊びを行いました。子どもから鬼を募っての「手つなぎ鬼」や「バナナ鬼」、２人１組になっての「ネコとネズミ鬼」などをして心や体をほぐしたつもりです。その後、１人１個ずつボールを選んでもらい転がしたり投げたり、壁にぶつけたりキャッチしたりし、ドリブルしたり蹴ったりもしました。最後にはわずか５分くらいだったのですが、そのボールを使って「一番好きなことをしましょう」という時間を確保して終わりとしました。これ、立派な運動遊びの時間と思っていただけませんか？

終わった後「今日行ったのは運動遊びですか？」という質問が園長先生から私に投げかけられ、不思議な気持ちになりました。そして、少したってこの質問の真意が理解できたとき、今度は何かとても残念な気持ちになりました。どういうことかと言いますと、その方からすると運動遊びとは「鉄棒やマットや跳び箱をするもの」という固定観念があったようなのです。もう１つ、指導者が子どもに常に指示を出して一斉に同じ活動をすることが「運動遊びの時間」と思われていた可能性もありました。同じ空間にボールを投げる子もいれば蹴る子やドリブルする子もいるというのはあり得なかったのかもしれません。以来、その園から私への依頼は一度もありません……。

本書でいう「運動遊び」は、「体を動かして遊ぶこと」の全てを指しています。小学校体育では、“運動”の一つ手前の発展途上の段階のものを“運動遊び”と呼んでおり（例えば陸上運動系領域では、小学５・６年生で「陸上運動」と呼びますが、３・４年生では「走・跳の運動」、１・２年生では「走・跳の運動遊び」と呼びます。他に、小学３年生以上の「水泳」は２年生までは「水遊び」です）、ここでは幼児から小学校低学年向けのものを内容として多く扱っているので「運動遊び」を多用しています。念を押しますが、鬼ごっこも水遊びも、ボール遊びも竹馬乗りも全て運動遊びです。

○幼児期運動指針の策定

子どもの身体活動量の減少とそれに伴う体力低下や運動のパフォーマンスのレベルの遅れなどが指摘されるようになり、『幼児期運動指針』（文部科学省　2012年）が策定されて数年がたちました。

指針において注目すべき点の１つは、“遊びが仕事”と言ってもいいと思われる幼児期の子どもに「毎日合計60分以上楽しく体を動かす」と明言されていることです。これは１日の身体活動量の合計時間が60分に満たない子どもたちがおよそ40％存在するという調査結果を受けて、目安時間として示されたものです。したがってこれは、「体をほとんど動かさない子ども」「体をあまり動かさない子ども」向けの文言と言ってよいでしょう。

また幼児期に獲得する動きの方向性について「多様化」と「洗練化」の２つが述べられています。

- 動きの多様化とは、年齢とともに体を動かす遊びや生活経験などを通して動きの獲得が増大することであり、易しい動きから難しい動きへ、１つの動きから類似された動きへと、段階を踏んで多様な動きを獲得していく、とあります。
- 動きの洗練化とは、基本的な動きの運動の仕方がうまくなっていくことであるとし、力みやぎこちなさがあったものから、適切な運動経験によって無駄な動きや過剰な動きが減少して動きが滑らかになり、目的に合った合理的な動きができるようになる、とあります。

要するに、幼児期の子どもにまず必要なのは幅広く動きを獲得することで、その後遊びとして取り組んでいくと動きはやがて研ぎ澄まされていくということです。深読みすれば、様々な動作様式の経験をする前に「特定のスポーツに過度に取り組んでいる一部の子ども」に向けて警鐘を鳴らしている文言と解釈することもできなくはありません。

○運動遊びや運動を構造的に見てみる〔キーワードは「バランス」「移動」「用具操作」〕

幼児期運動指針では、幼児期に獲得してほしい基本的な動きのカテゴリーとして「体のバランスをとる動き」「体を移動する動き」「用具などを操作する動き」の３つを挙げています。これは小学生の体つくり運動系の領域でも挙げられているカテゴリーで（文部科学省『小学校学習指導要領』2017年）、デビッド・L・ガラヒュー（アメリカ）の研究がもとになっています。

筆者の調査（2016年）では、幼児（年長児）の自由遊びの際に現れる基本的な動きとして、カテゴリー別に以下の動きが観察されました。出現頻度の高いものと低いものがあり、頻度の高かったものを上段に、頻度の低かったものを下段にそれぞれ３つずつ示してみます。

《体のバランスをとる動き》

〔座る・しゃがむ　起きる・立つ　乗る〕頻度高

〔組む・積み重なる　逆立ちする　片足立ちする〕頻度低

《体を移動する動き》

〔走る・追いかける　のぼる　とびおりる〕頻度高

〔後ろ向きに歩く・後ろ向きに走る　踏む　這う〕頻度低

《用具などを操作する動き》

〔つかむ・にぎる　運ぶ・動かす　こぐ〕頻度高

〔倒す　支える　受ける・捕る〕頻度低

これらは運動遊びや運動を構成する要素です。

普段行われている運動遊びや運動に、上記の３つのカテゴリーが偏りなく含まれているか、基本的な動きに大きな過不足がないかなど、特に幼児の体力や運動能力を考えるときにこの目の付けどころは大切かと思います。

○運動遊びや運動の持つ機能に着目してみる　〔競争？　達成？　克服？　変身・模倣？〕

運動の機能的特性には競争、達成、克服、変身・模倣の４つがあります。これらはその運動遊びや運動のもつ価値そのものです。陸上運動の走り幅跳びは、相手との「競争」を楽しむ運動であり記録の「達成」や空中フォームの「達成」を楽しむ運動でもあります。また、跳び箱遊びは、段数の「克服」を楽しむ運動遊びと捉えることもできれば技の「達成」を楽しむ運動と捉えることもでき、学習指導の仕方によって変化すると言えます。小学生以上の体育科の学習においては、各運動領域が年間指導計画に適切に位置付けられているはずなので、あとは目の前の子どもがどこに価値を置いて楽しもうとする子どもなのかを把握することが大切になるでしょう。他方、教科体育以外の業間体育や体育的行事等にある機能的特性を考えることも大切でしょう。

○運動遊びや運動の持つ効果にも着目する　〔柔軟性を伸ばしたい？　協調性を育てたい？〕

運動遊びや運動を行うことで期待される効果にはどんなことがありそうか、という点については、指導者側がよく考えることでしょう。反対に、学習者（子ども）はあまり考えないことだということはあえて押さえておきます。つまり、楽しいから体を動かすのであって、例えば投力を伸ばしたいからドッジボールをするという子どもは少ないということです。

しかしながら指導者側は、運動遊びや運動を行うことで得られそうな身体能力の向上に関わること（柔軟性が身に付きそうだとか持久力が養えそうだなど）を念頭に置きつつ、他に仲間づくりとか学級づくりなどという観点で期待できそうな効果を大事に考えているはずです。競争を通して公正な態度を身に付けさせたいとか、課題達成に向けてグループの団結力を高めてほしいとか、身体の接触を通して人の痛みを知り思いやりの気持ちを育てたいとか。

○「運動遊びの時間」の危険性という矛盾

これまで述べたように運動遊びや運動を構造的・機能的・効果的特性の視点で改めて見直し、就学前の３年間や小学校の６年間で体験させたい内容を検討することは大変有意義なことだと思います。小学生以上の体育科の学習においては、各学校の年間指導計画に従いながら行うことで内容が大きく偏ったり逸脱したりすることは少ないでしょう。

一方、幼稚園や保育園での意図的な「運動遊びの時間」は、意外にも子どもたちの体力や運動能力の向上に結び付いていないという報告が多数あります。特に「指導者主導型の運動遊びの時間」や「技術的な指導を多分に含むような運動遊びの時間」は、話を聞かなければいけない場面や順番を待たなければならない場面が多くあり（＝運動量の減少）、子どもたちの主体性が奪われがちで（＝課題・ルール・行い方などの決定権がない）、「やらされ感」の強いものに陥りやすくなります。一部の子どもの技能レベルを上げることにつながったとしても、もう一部の子どもにはその時間が運動嫌いのきっかけになるかもしれないということです。

そう考えますと、安全な行い方や用具等の正しい使い方など指導は必要なことだけにとどめ、子どもから意見やアイデアを引き出して一緒に遊びを作っていこうとする姿勢が大切になるでしょう。目指すは指導者が不在であっても運動遊びが成立する状態だと思います。つまり自由な時間に子どもたちだけで多彩に遊ぶことができる姿です。子どもたちの主体性を見守ることと教えることのバランスはとても難しいところですが、体を動かすことを好きになってもらうことがゴールだということを忘れてはいけません。

○スマホ社会、デジタル社会だからと構えることはない

総務省の調査（2018年）では、青少年（小学生・中学生・高校生）のインターネット利用率は90％を超え、小学生であっても85％を超えています。小学生のインターネットの平日の利用時間は平均100分を優に超え、その主な利用目的の上位はゲーム（82％）、動画視聴（66％）で、勉強等は28％でした。テレビ、スマートフォン、ゲーム機等による映像の視聴時間は「スクリーンタイム」と呼ばれ、2019年の「全国体力・運動能力、運動習慣等調査」で、これまで下げ止まりとか回復傾向にあるといわれていた小学生の子どもの体力が再び低下傾向に転じたのはこの「スクリーンタイムの増加」が原因の１つであると報道されました。その他心配されることに、視力の低下や睡眠時間の減少など健康にかかわることや学習時間の減少による学力の低下などが挙げられています。

このように子どもたちとメディア機器との関係性については問題視されることが多く、正しく使う力やコントロールする力を付けてやることは我々大人の責任だとは思いますが、考え方によっては、それはさほど難しいことではないようにも思えます。

筆者の得意なことは体を動かすことで、これまでにもその楽しさを子どもたちに伝えてきたつもりです。同様にそれぞれの方がそれぞれの立場から、例えば学校の先生が読書離れをなくそうとたくさんの工夫をしてきたと思います。お母さんやお父さんはお菓子作りを教えたりキャンプに連れて行ったりしたでしょう。地域には子ども向けの行事がたくさんあるはずです。学校・家庭・地域が得意なことや好きなこと、知ってほしいことや残したいこと等をこれまで通りに発信すればいいわけで、これは今までに絶えず行ってきたことだと思います。何か特別なことをしなくても、子どもたちは楽しいと思えることや魅力のあることに自然と振り向いてくれると思うのです。

○本書の構成

本書では、これまでに筆者が依頼された運動教室や実技伝達講習会で実際に行ったものの中から、歓声がたくさん上がり、大人も子どもも夢中に取り組んだものを中心に掲載しました。「鬼ごっこ系」で始まり「ボール運動系」で終わります。その間に「バトル系」と「その他」を挟みました。

各頁の上段に、その運動遊び・運動を行うにあたっての 設　定 行い方 ゴール を示しました。 設　定 は人数や会場、使う用具等について示し、 行い方 はルールや方法等について解説しています。 ゴール はその運動遊び・運動の目的や楽しみ方を示しました。これらは、あくまでも参考としての１つの例であり、指導者は子どもたちの実態に合わせて変化させていただければと思います。より楽しめるものに、より追究できるものに仕上げていっていただければ幸いです。

また各頁の側面には、運動遊びや運動を行う時の代表的な「形態」について【１人でも】【１対１で・２人で】【グループで・チーム対抗で】【みんなで】と示してみました。上部には、このアイデアBOOKの４つの章を示してあります。運動遊びや運動の選択の際にお役に立てばと思います。

そして何より特徴的なのはイラストです。全ての運動遊びや運動に対して、筆者からイラストレーターさんに「こんな感じでお願い（下手な棒人間図を添えて）」という要望書をお渡しして描いていただきました。例えば鬼ごっこの全体的な様子をイラストにしていただくのはなかなか大変だと思うのですが、無理を言って描いていただきました。そのほうが、本書を利用する方にとって子どもがどのように楽しむ遊びなのかというイメージを持ちやすいと思ったからです。合わせて指導のポイントを吹き出しに示しましたので、参考にしていただければと思います。

では、読者のみなさん、１つでもやってみたいと思う運動遊びが見つかれば幸いです。

著者　白金俊二

運動遊びのアイデアBOOK

もくじ

鬼ごっこ（鬼遊び）系

鬼ごっこには一定の区域内で逃げたり追いかけたり捕まえたりする中に楽しさの中心があり、敏捷性や持久力を養ったり鬼同士や逃げる者同士が共働する中で状況分析力や判断力を磨いたりすることが期待できる。

鬼ごっこに含まれる基本的な動きには、「走る（追いかける・逃げる）」が真っ先に思い浮かぶが、それにとどまらない。「後ろ向きに走る」「サイドステップする」などの動きのほか、ただ移動するだけでなく「きょろきょろしながら走る」「くねくねと走る」「急に曲がる」「右に行くと見せかけて左に行く」「走ると止まるを交互に行う」などに発展していく。

呼称には「鬼ごっこ」と「鬼遊び」がある。「鬼ごっこ」という呼称の方が伝承的な意味合いがあって馴染み深く、一方「鬼遊び」の方は学習指導要領上の呼称であり、ボール運動領域の「ゴール型」の下位教材として学習指導要領に位置付けられている。

「鬼ごっこ」を行うことによって、左に行くと見せかけて右にいくというような「フェイント」動作や「緩急を付けて走る」「相手の動きなどに反応する」などのボール運動の個人的なスキルにつなげられる要素はたくさんある。半面「鬼遊び」によるゴール型の集団的スキルに直結するような教材化に関してはまだまだ課題がありそうだ。本書では「トコロテン鬼（ターゲットを合理的に変更していくタイプの鬼遊び）」(p.4～5)、「田んぼ鬼（エリアに侵入していくタイプの鬼遊び）」(p.10) にゴール型につながるヒントがありそうだが、今後改めて深められるべきところであると感じている。

ヤドカリ鬼

設　定	・カラーコーンやマーカーを用いて「宿」と見なし、１つの宿に１人ずつ「ヤドカリ」がつく ・宿がない人を「ヤドナシ」と呼ぶこととし、参加者が20名程度なら「ヤドナシ」を３～４人、鬼を３～４人決め、残りを「ヤドカリ」とするが、やり方を覚えるまで鬼を１名、ヤドナシを１～２名で行うのもよい
行い方	・鬼はビブス等を手に持ったり紅白帽子を赤にしたりして表示する ・ヤドナシはヤドカリに「どいて」とか「どいてください」と言えばどいてもらいヤドカリとなることができ、ヤドカリは宿から離れてヤドナシとなる ・「どけ！」というような乱暴な言葉は無効語としてヤドカリは宿を空け渡さなくてよいとする
ゴール	・鬼は宿から飛び出したヤドナシを捕まえてヤドカリになることを目指す ・ヤドナシは鬼に捕まる前にヤドカリになるように逃げることを楽しむ ・終了時にヤドカリだった人を勝ちとする

鬼とヤドナシは複数人いたほうが全員の運動量が増える

みんなで

「どいて！」「お願い！」などの言葉を有効語としたい
どいて〜!!
どいて♡
次に「宿」から飛び出しそうな人を予測する
逃げなくちゃ!!
ほ!
それまで追いかけていた人（ターゲット）を変更する

トコロテン鬼（追い出し鬼・押し出し鬼）

設　定	・参加者が20人程度なら、３人１組を５組作る。この３人は肩を寄せ合って「トコロテン」となり、隣の組と近すぎず遠すぎない距離をとる ・トコロテンになれなかった人などから鬼を２～３人、フリーな人を２～３人決める
行い方	・鬼はビブス等を手に持ったり紅白帽子を赤にしたりして表示する ・フリーな人はトコロテンの列の端に付くことができ、もう一方の端の人はフリーな人となって飛び出さなければならない ・鬼はフリーな人を捕まえることができ、捕まった人は鬼となりビブスを手に持ったり紅白帽子を赤にしたりして表示する
ゴール	・鬼は、フリーになる人を予測して捕まえることができるように動く ・トコロテンの両端の人は、常に周りを確認して逃げ遅れないようにする ・終了時にトコロテンの３人組が編成できている人たちを勝ちとする

前頁の「ヤドカリ鬼」の発展形である。

みんなで

あそこまで
行ければ！
トコロテンの両端の人はすぐ動ける準備を
逃げなくちゃ！
鬼同士の協働した動きも大切になる
そっちに
出たよ！
よしっ！

ネコとネズミ

設　定	・２人１組を作り、追いかけたり逃げたりできるスペースを確保する ・センターラインから数メートル先にゴールとなるラインをそれぞれ用意する
行い方	・あらかじめネコ側とネズミ側を決め、「ネコ」または「ネズミ」とコールされた方が追いかけ、コールされなかった方は逃げる（またはその反対）と決める ・２回戦ほど行ったら、対戦相手を替えるなど工夫する
ゴール	・ゴールまでにタッチできれば追いかけた側の勝ち、逃げきれれば逃げた側の勝ちとする ・自分の反応の速さや正確さを確かめながら楽しむ

壁や窓ガラスなどを確認し、
安全面の配慮を忘れない。

【教材研究】ほかの行い方の例

・ジャンケンをして勝った方がネコとなり負けた方のネズミを追いかける
・センターライン上にボールを配置し、コールされた方がボールを取って当てることを目指し、コールされなかった方は当てられる前にゴールまで逃げる
・スタートの姿勢を「向かい合ってお父さんすわり」や「背中合わせでお山すわり」などと変化させたり、同様に追いかけ方や逃げ方の姿勢（「ケンケンで」「くまさん歩きで」等）も工夫したりする
・コールは「ネコとネズミ」以外にも「タイとタコ」「ドラえもんとドラミちゃん」などと工夫できる
・コールするのは必ずしも指導者でなくてもよい

向かい合ってのスタートは捕まえる側に有利に働き、背中合わせのスタートは逃げる側に有利だ

こおり鬼系の鬼ごっこ

設　定	・動いてよい範囲を決め、コーンなどで示す ・20人程度で行う場合は鬼を複数人（３～４人いてもよい）募り、鬼はビブスを着たり紅白帽子を赤にしたりして表示する
行い方	・鬼にタッチされたらその場で指定された姿勢をとりながら動けなくなる（凍る） ・仲間は鬼から逃げながら、動けなくなった仲間を指定された方法で復活させる
ゴール	・制限時間内に、鬼として何人タッチしたか、鬼から逃げ切れたか、何人助けたかなどを競い合って楽しむ ・様々な凍るときの姿勢や復活するときの動作を楽しむ

こおり鬼系の鬼ごっこは、鬼にタッチされた人はその場で動けなくなり、動けなくなった人は他の逃げている仲間の行動によって復活できることが特徴である。鬼は固定制のことが多い。

【地蔵鬼】

捕まったらお地蔵さんのポーズをとるが、仲間に「なむー」とお祈りしてもらうと復活できる。

【木鬼】

捕まったら足を開いたポーズをとるが、仲間に足の間を通ってもらうと「ありがたやー」と言って復活できる。

【バナナ鬼】

捕まったらバナナのポーズ（両手の平をくっつけて上に挙げる）をとるが、仲間２人にバナナの皮を１枚ずつむいてもらえたら「バナーナ」と言って復活できる。

みんなで

【ニンジン鬼】

捕まったらニンジンのポーズ（気を付けの姿勢）をとるが、仲間２人に両手を預けて引き抜かれれば復活できる。

【電子レンジ鬼】

捕まったら凍ってしまう（しゃがんだ姿勢）が、仲間２人がつないだ手を足元からまたは頭から通してもらい「レンジで〜」「チン！」と言って復活できる。

子どもたちにとって定番の鬼ごっこである「こおり鬼」。
指導者が不在でも十分に行えるから定番の遊びになる。

あなたなら、どんな凍り方・復活の仕方を考えますか？

田んぼ鬼（十字鬼）

設　定	・体育館や遊戯室の既成のラインを利用するなどして「田」の字のコートを作る ・「田」の中の「十字」部分は鬼が動ける範囲であり、その幅は鬼以外の人が簡単に跳び越えられる50〜60cm程度がよい ・参加人数やコートの大きさに合わせて鬼の数を決める
行い方	・鬼以外の人は初めおよそ均等に４つのマスのどれかに入り、十字ライン上を動く鬼に捕まらないように走り抜け、マスを渡り歩く ・逃げる方向は、左回り（または右回り）と決め、衝突しないようにさせる ・鬼に捕まった人は、最初のマスに戻って再スタートする
ゴール	・鬼に捕まらずに４つのマスを回って「田」の字を完成させたらアガリとし、できるだけ早くアガルことを競い合う ・ほかに、「田」の字を書いた回数（周回数）を競い合う

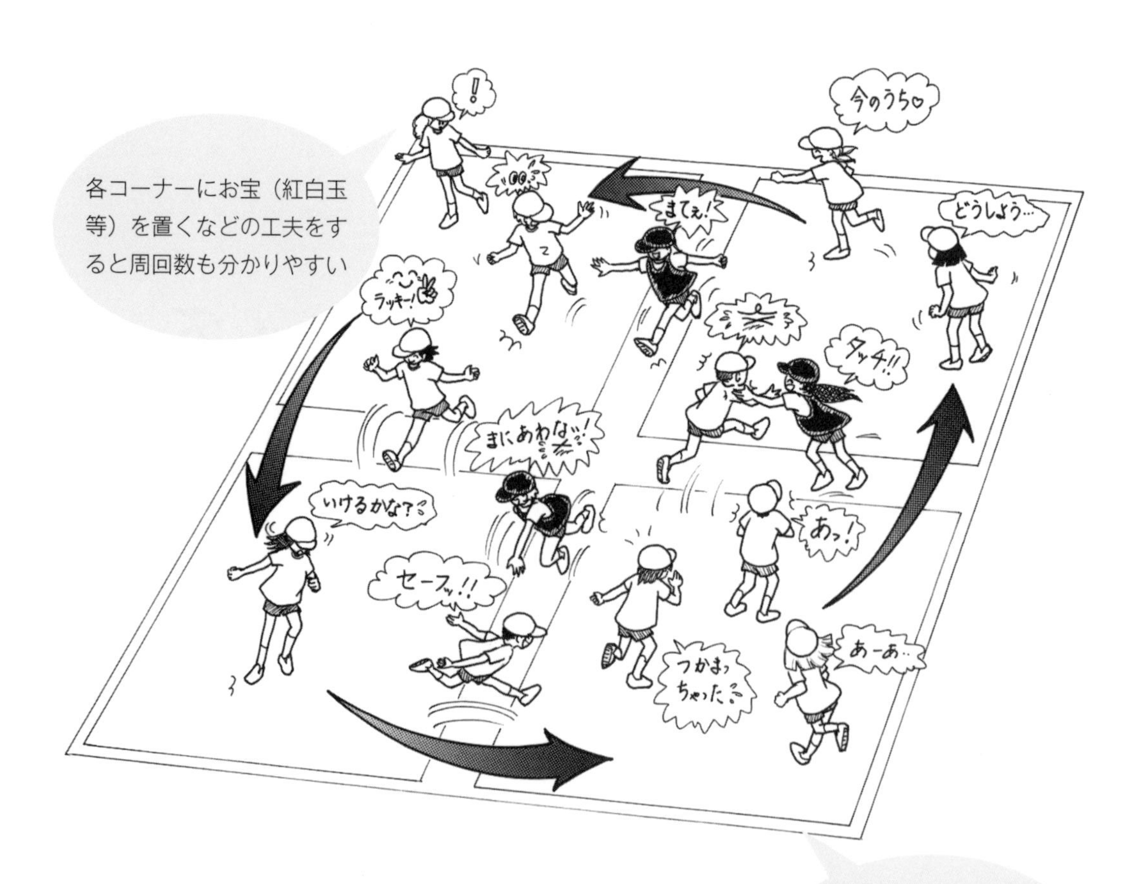

園庭や校庭で行えば線が簡単に描ける

みんなで

形鬼（引っ越し鬼）

設　定	・三角や四角、丸、バツなどの形を、白線やテープで示す ・参加人数により、同一の形を複数箇所用意する ・人数に合わせて鬼を募り、ビブスや紅白帽子で表示する
行い方	・鬼以外は、会場に描かれた三角や丸など好きな形の中に入る ・鬼は大きな声で「四角！」「まる！」などと号令をかけ、その形の中に移動するまでに捕まえる ・捕まった人はバツ（×）のところに行って終わるまで待機するとか、鬼と交代するなどと決めて行う
ゴール	・鬼に捕まらないように逃げることを楽しむ ・鬼は意図的に捕まえやすい号令をかけるなどして全員捕まえることを目指す

形を“色”に変えれば「色鬼」となる。

大きな声でのコールのほかに、カードや大型サイコロで示す方法など工夫できる

島鬼（大人数バージョン）

設　定	・校庭・園庭に白線などで“島”を作り（円形でも楕円形でも四角形でもよい）、さらに鬼に捕まった人が入る「鬼ケ島」を中央などに作る ・島の数は参加人数により３～４つ作る ・鬼を複数人決め、ビブスや紅白帽子で表示する
行い方	・合図で最初にいる島から別の島に移動するが、衝突の危険性を減らすために移動の仕方を右回り（または左回り）とし、１つ隣りの島へ移動するものと決める ・鬼は島の外にいて、移動する人を捕まえる ・鬼にタッチされたり捕まったり、制限時間内に逃げ切れなかったりしたら「鬼が島」の中に入ることとする ・島から島への移動に制限時間（30秒程度）を設け、大きなタイマーなどがあれば全員が見える位置に表示したい
ゴール	・鬼に捕まらず全ての島にたどり着くこと（または２周など）を目指して楽しむ ・スタート時と比べて最も鬼に捕まらなかったチームを勝ちとして競い合う

エピソード

筆者は全校300人規模の小学校でも700人規模の小学校でも、業間体育（全校運動）の時間に行ったことがある。次の頁のイラストにもあるように児童会の体育委員会の児童十数名や教職員が鬼となり、“仲良し学級”の仕組みを活用しながら行った。

体育委員会の議題には、この業間体育の時間の役割分担等の運営面のほか、行い方やルールを考えることも挙げられ、子どもたちが主体となって考えた。鬼に捕まり「鬼ケ島」に入ったとしても校長先生や児童会長が扮する「オタスケマン」に復活させてもらえる方法などが話し合われ、毎回とても楽しんでいた。

ただしどこの学校でも、転倒して膝をすりむいて泣く子がいた。衝突や転倒には十分に注意させ、保健室の先生とも連携しておきたい。

校庭の石やロープのゆるみ、ペグ等について必ず点検をしておく。

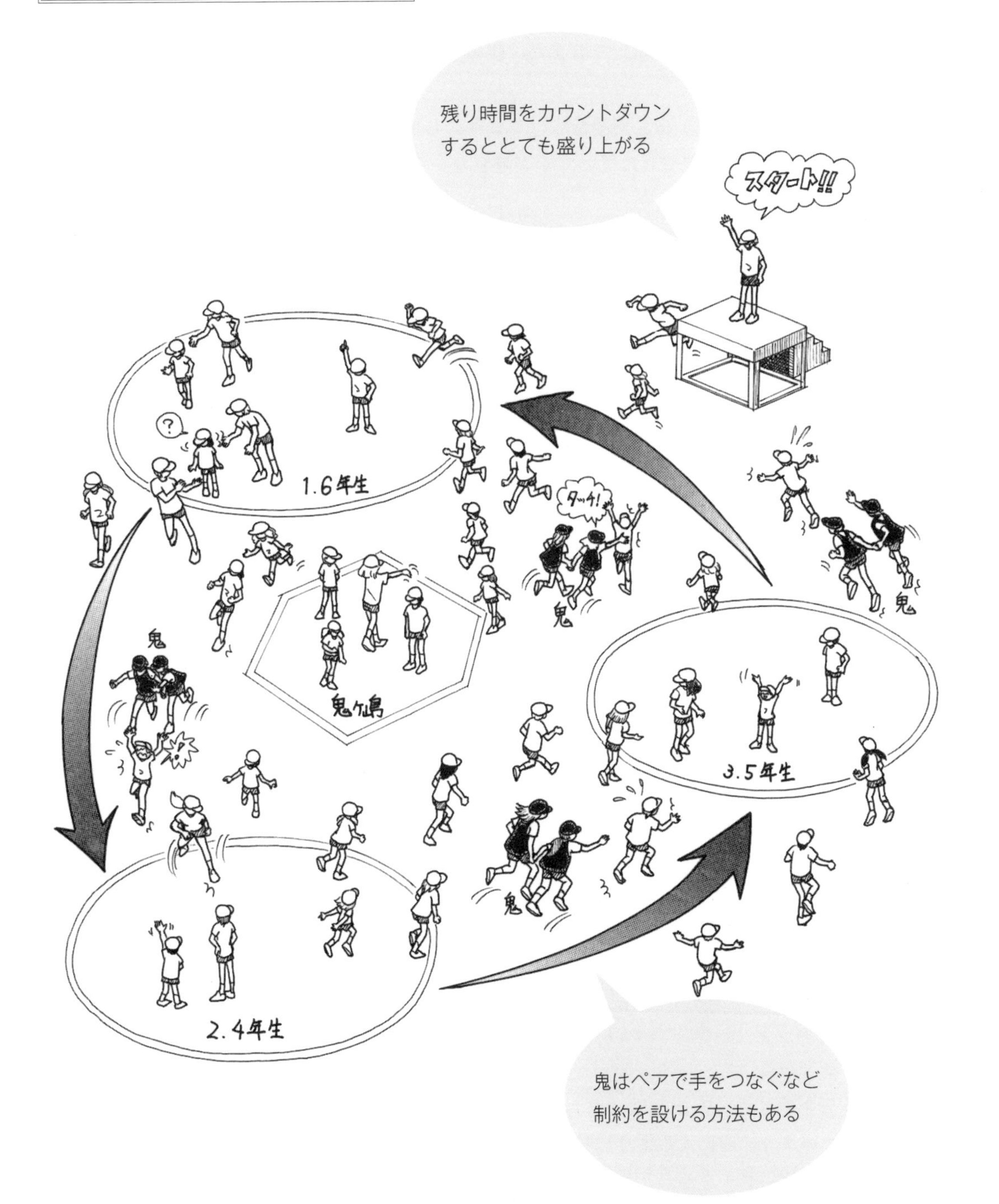

子とろ鬼（子とろ子とろ）

設　定	・6～8人程度のグループを作り、鬼役、子役、親役を決める（人数が多いと鬼が子に到達するまでの距離は長くなるが、列は切れやすくなる）
行い方	・鬼以外（家族と呼ぶ）で肩または腰に手を置いて1列を作り、「親」は最前列、「子」は最後尾につく ・最前列の「親」は、両手を広げるようにして鬼の動きを妨害する中心となる ・「家族」は、腰や肩に置いた手が離れないように（列が切れないように）親の動きに合わせて動く ・最長30秒程度とし、鬼役・子役・親役を交代して楽しむとよい
ゴール	・鬼は最後尾の「子」の背中にタッチするか腰や肩に手を置いて成している「家族」の列を揺さぶって切ることができれば鬼の勝ちとなる ・「家族」は鬼に「子」を取られないように、かつ、列が切れないように一まとまりとなって動き、一定時間内耐えられれば「家族」の勝ちとなる

「子」にタッチするのは至難の業だが、列を切ることは比較的簡単だ

フェイントの動作が自然と出てくる

変形バージョン

右のイラストのように縦の列を円（サークル）に変える方法もある。

サークルを形成する「家族」は「鬼」が「子」に到達できないように間に入るように動いて防御する。鬼は動くサークルをかわしながら「子」に迫るが、その際、サークルの中を這うなどしてショートカットすることも認めてよい。

線鬼（ライン鬼）

設　定	・体育館や遊戯室の既成のラインなどを利用したり、校庭や園庭に白線を引いたりしてコートを指定する ・参加人数やコートの大きさに合わせて鬼を２人以上決める
行い方	・全員ラインの上だけを移動できるとする ・鬼は同一ラインにいる人のみを捕まえることができることとする（別のラインにいるときに手を伸ばしてタッチしても無効） ・ラインからラインへ「ジャンプする」ことや「走る」ことを禁止する（ラインの交点を利用し、「歩く」・「早歩きする」ことのみ認める）など制約をつけるとよい ・鬼に捕まったら交代するのか抜けていくのかあるいは増えていくのか決めておく
ゴール	・鬼は、仲間の鬼と協力し合って同一ライン上で挟みうちをするようにして捕まえ、全員を捕まえることを目指す

「早歩き」は普段行わない動きかもしれない

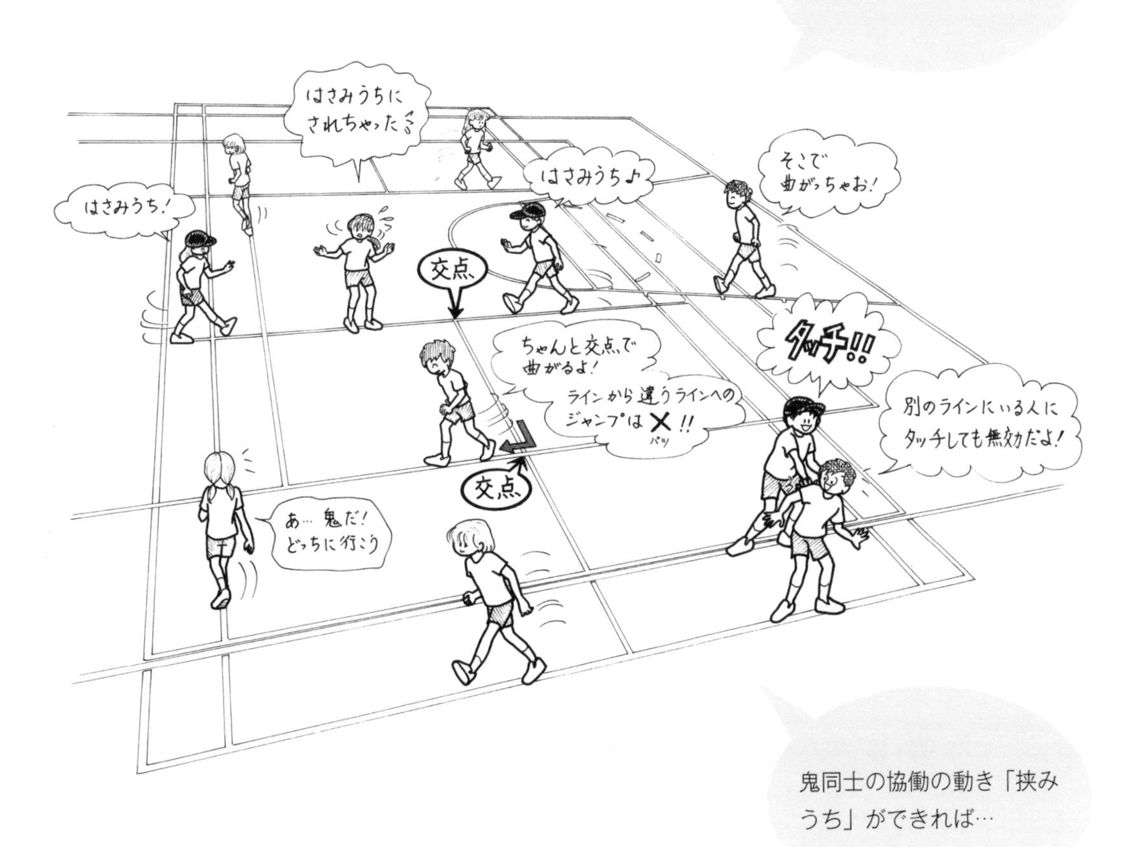

鬼同士の協働の動き「挟みうち」ができれば…

みんなで

しっぽ取り鬼（チーム対抗バージョン）

設　定	・「しっぽ」となるものを１人当たり２本用意し、腰の左右に付ける ・「しっぽ」は２チーム対抗で行うなら２色、４チームで行うなら４色あるとよい ・動いてよい範囲とチームの陣地をコーンなどで示す
行い方	・しっぽを１本取られても２本取られるまで継続できる ・取ったしっぽは自陣に置く ・しっぽを２本取られたら自陣に帰り応援に回る
ゴール	・数的に有利になるようにするなど攻め方を工夫してしっぽを取る ・相手チームよりしっぽを取られなかった人の数や取ったしっぽの数で競い合う

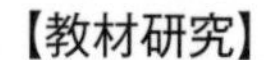
【教材研究】

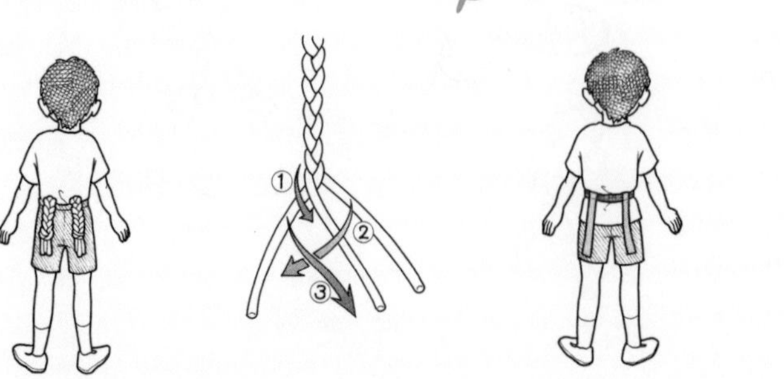

荷造りロープ等を三つ編みにするとしっかりとした造りになる。他に市販のタグラグビー用があり、専用の腰ベルトにマジックテープで着脱できる仕組みになっている。

こっそり鬼ごっこ（ポーカーフェイス鬼・疑心暗鬼おにごっこ）

設　定	・参加者全員に目をつぶってもらい、肩に手を触れるなどして鬼を選定する ・触れられた人は鬼になるが、自分が鬼であることを他の人に分からないようにする ・動いてよい範囲（あまり広くないほうがよい）を決め、コーンなどで示す
行い方	・約束として「人に触れない」「走らない」などと決め、全員が範囲内を自由に歩く ・鬼だけが人に触れてよいとし、すれ違う時などにそっとタッチしていく ・タッチされた人も鬼になるのかその場から抜けていくのか、参加者の実態に合わせて決めておき、制限時間を設けて行う
ゴール	・鬼は気づかれないようにたくさんの人にタッチすることを目指し、鬼以外の人は他の人とうまく距離を取りながら逃げ切ることを目指して楽しむ ・最初の鬼は誰であったか推理し合ったり、鬼の気づかれにくさなどを評価し合ったりする

嵐が来たぞ（仲間作りゲーム）

設　定	・３人組を作れるだけ作り、この３人の内１人がしゃがんで「リスさん」、残りの２人は向かい合って立ち、両手を屋根のようにして「お家（うち）」を模る（かたどる） ・３人組を作れなかった人の１人または２人がいったん「フリーな人」となる
行い方	・「オオカミが来たぞ！」の号令で「リスさん」だけがお家を移動しなければならず、さらにこのときフリーな人も「リスさん」となれる ・「木こりが来たぞ！」の号令で「お家」の２人は違う場所で、しかもこれまでとは違う人と「お家」を作らなければならず、さらにこのときフリーな人も「お家」となれる ・「嵐が来たぞ！」の号令でフリーな人も含めた全員が３人組を作る。だれが「リスさん」になっても「お家」になってもよい
ゴール	・号令に合わせて素早く移動し、できるだけフリーな人にならないことを目指す ・特に終了時には３人組（リスまたはお家）を編成していることを目指して楽しむ

これまでに行った鬼ごっこで夢中になった鬼ごっこ・おススメの鬼ごっこは何でしたか？
また、オリジナルな鬼ごっこを考えてみましょう。

バトル系・力試し系

２人で向き合って対戦するタイプの運動遊び、３人以上になって力を比べるような運動遊びを「バトル系」「力試し系」としてまとめてみた。

２人で行うタッチ遊びのような運動遊びに含まれる基本的な動きには、「ステップする」「踏む」「後ろ向きに歩く・走る」などがある。移動する距離はとても短いが、小刻みに前後左右に動いたり相手の背後を取ろうと回り込んだりして素早く動くのが特徴だ。こういった動きは、空手やボクシング、剣道やフェンシングなどの対人対戦型のスポーツに見られるフットワークと似ている。また、サッカーやバスケットボールにおける１対１の対峙場面にも似ているところがある。相手の動きに応じた“攻防”や“駆け引き”を学びながら勝ち負けを競うことが楽しさの中心となる。

相手のバランスを崩す遊びやボールなどの物を奪い合う遊びには、基本的な動きとして「座る」「しゃがむ」「片足立ちする」などの体のバランスをとる動きがあり、「引く」「押す」「持つ」「抱える」などの用具などを操作する動きが多く、しかも通常より力強さが増す。畳返しや大根抜きなどは互いの力を比べ合うことが楽しさの中心であり、身体の接触も多い。

こういった遊びは幼児期〜小学校低学年までに指導者の見守る中でたくさん行わせたい。力の強弱を知り加減を覚えること、勝敗に対して公正な気持ちを養うこと、どんなことをされたら嫌な思いをするのか等を経験によって理解させることは、いずれ人の痛みが分かる子になるための初めの一歩なのではないかと筆者は思う。そして、やがて子どもたちだけで安全に“相撲”ができるくらいまでに育ってほしいと願っている。

タッチゲーム（お尻・背中タッチ、膝タッチ、足踏み対決）

設　定	・動いてよい範囲をあらかじめ決めておく
行い方	・ペアで向かい合い、挨拶をするなどして始める
ゴール	・相手の「背中」や「お尻」、「膝」をタッチする
	・互いにセルフジャッジで行えるようにし、対戦相手を数回替えて楽しむ

【手をつながないで背中（お尻）タッチ】

【片手をつないだまま膝にタッチ】

【両手をつないで足踏み】

強く踏みつけないように、優しくタッチすることを心掛けさせる

MEMO

先取りゲーム・奪い合いゲーム

設　定	・ペアまたは３人組を作り、取り合うタオルやボールなどを１個用意する
行い方	・立つ・膝を抱えて座るなど姿勢を変えたり、ボディータッチゲームを楽しんだりし、最終合図の言葉で取り合うことを確認する ・最終合図の言葉の例として「ボール！」「キャンディー！」などがある ・奪い合いに発展させる場合は、相手がけがをしたり不快な思いをしたりしない方法で奪い合う「約束」を確認し、制限時間を10～20秒程度とする
ゴール	・「先取り」は相手より先に取ったら勝負ありとし反応の速さを楽しむ ・「奪い合い」はボール等を取った後、奪い返そうとする相手に負けないように優位に抱え込んだり力強く保持したりする ・相手の保持したボールを約束した方法で奪い返す

【教材研究】

結び目が中央にできるようにタオルを１～２回縛ると、キャンディーのような形となる。ソフトでボールよりも掴みやすく幼児向きで親子遊びなどに都合がよい。

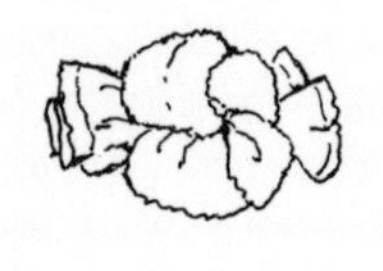

ボディータッチゲームの例

【座って】

【立って】

奪い合いゲーム

禁止事項として
・かみつく
・服やズボンを引っ張る
・くすぐる
などと決めて行う

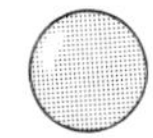

遠くからボールを取りに行くと衝突が起こりやすいので気を付けること

近くのペア同士を合体させるなどして４～６人で１～２個のボールを扱う集団化に発展できるが、勢いをつけすぎると衝突の危険があるので注意する。

【つま先の間のボール取れるかな】

【膝の間のボール取れるかな】

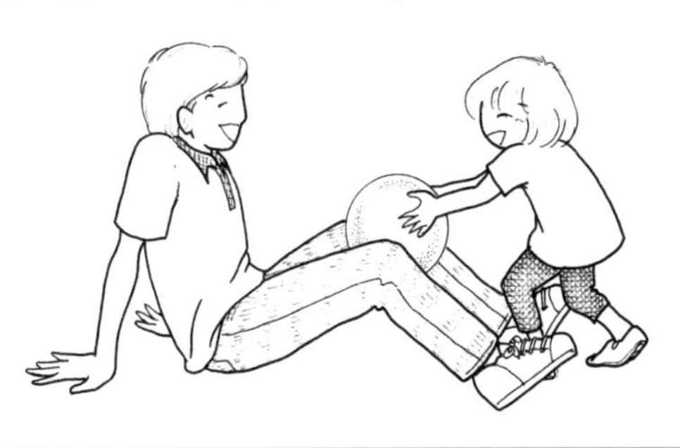

低学年と高学年が行うようなときや親子で行うときは、高学年や親がボールを膝と膝の間や足と足の間に挟むなどしてハンデ戦とするとよい。

引っ張り合いゲーム

設　定	・ペアまたは３～４人組を作り、引っ張り合う手ぬぐいやロープを用意する ・安全対策として、手ぬぐいは両端に結び目を作っておくとすっぽ抜けにくくなり、ロープならリング状にしておくとよい
行い方	・立つ、しゃがむ、そんきょなどと姿勢を決め、手ぬぐいやロープを引き合う ・３～４人でロープを引っ張り合う場合は次頁のイラストのように行う方法がある
ゴール	・20秒程度の制限時間内に、力を出し切って相手のバランスを崩すことや制限区域から引っ張り出ることなどを目指す

【お尻をついて】

絶対にはなさないことを約束させる

【教材研究】
手ぬぐいの両端に結び目を作る。

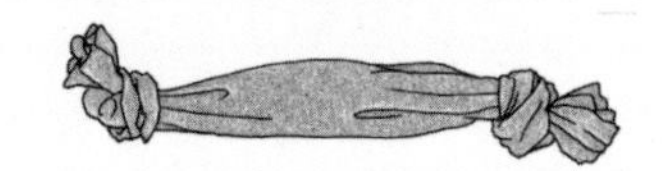

【しゃがんで】

しゃがみ姿勢やそんきょの姿勢で行うときは尻もちを着いたり膝を着いたりしたら負けと決めるとよい

豆知識

「綱引き」は英語で「tug of war」というらしい。pull（引く）ではなく tug（力を込めて引く・急に引く）であり、war（戦い）である。運動会の定番の種目であるが、もしかしたら運動会以外ではなかなか行わない動きなのかもしれない。

下のイラストにあるようなものは市販されているわけではない。自作するならクライミング用ロープやトラックの荷台用ロープなどがおススメだ。ある程度の弾力性と強度が必要で、結び目部分は決してほどけないように毎回の点検を忘れずに行いたい。

エピソード

ボール運動にはやや苦手意識があったAさん（女児）でしたが、このゲームで大活躍。たくさんの友達から勝負を挑まれ、ついにクラスのチャンピオンに。以来、様々な活動場面で以前より自信を持って動く姿が見られるようになりました。

バランス崩し遊び（ペアで・グループで）

設　定	・ペアや３～４人組を作る
行い方	・ペアで押し合う場合は、触れてよいのは互いの手の平のみと決め、行う時の姿勢は立つ・しゃがむ・両膝立ちなどと決める ・ほかに、ペアで互いにボールを１個ずつ持ち、触れてよいのはボールだけと決めて行う ・３～４人の場合は手をつなぎ、しゃがむとかケンケンで行うと決めて、互いにつないだ手を引っ張り合う
ゴール	・相手のバランスを崩すこと（相手の膝やお尻が床に着くこと、ケンケン姿勢が崩れて上げていた片足が床に着くこと）をねらい、勝ち負けを競い合う

【しゃがんで】

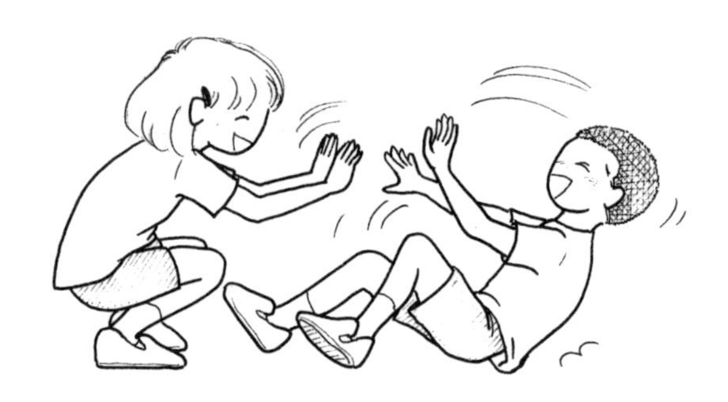

【膝立ちで】

【片足立ちで】

【そんきょの姿勢で】

豆知識

剣道や相撲の立ち合い前の左の姿勢を【蹲踞（そんきょ）】と言う。かかとを上げるこの姿勢はバランスがとりにくく、子どもにとってこの姿勢になること自体が難しいようだ。

【グループで】

畳返し（友達ひっくり返し）

設　定	・ペアまたは３人組を作る
行い方	・１人が手足を広げ床に仰向けまたはうつ伏せとなって「畳」を模（かたど）り、それをもう１人またはペアでひっくり返す
ゴール	・制限時間内（20〜30秒程度）に１人でまたはペアで「畳」をひっくり返すことを目指す ・「畳」は自身の体に力を入れてひっくり返されないようにする

ひっくり返そうとする側はもちろんだが、ひっくり返される「畳」側にも力が入る

地蔵倒し（人間メトロノーム）

設　定	・同じくらいの体格の３人組を作る
行い方	・１人が体を棒のように硬くして「地蔵」となり、あとの２人はその両脇に構えて、倒れてくる「地蔵」を両手で支え押し返す
ゴール	・１往復とか２往復と決めて行う ・「地蔵」は両脇の友達を信頼してできるだけ身をゆだねられるとよい

安全対策として必要に応じてマットなどを敷く。地蔵役が目をつむって行うことや前後に倒れることは危険が多いので、子ども同士では行わないようにするなど約束をしておく。

大根抜き

設　定	・5～7人組を作り、その中で農家さんを1人または2人決める
行い方	・手をつなぐ、腕を組むなどしてサークルとなり、うつ伏せまたは背中合わせなどになって「大根（カブ、ゴボウ、サツマイモ…）」を模る ・農家さんは、好きな大根（カブ、ゴボウ、サツマイモ…）を1本選んで抜く ・抜く際は足首を引っ張ることと決め、ズボンの裾や靴を引っ張らないことを約束しておく ・グループ内で「農家さん」と「大根」の役割を交代したり、チーム対抗として制限時間を設けて引っ張り抜いた数を競ったりと楽しみ方を工夫する
ゴール	・大根は、隣の人と力を合わせて抜かれないようにし、農家さんは全てを引っ張り抜くことを目標にして力を出し合うことを楽しむ

腕の組み方や姿勢、引き抜く力の強さによって、肩や肘の脱臼の恐れ等もあり得るので、互いに力を加減することも伝えたい。特に体格差や年齢差がある中での遊びでは気を付ける。

ケンケン相撲

設　定	・ペアまたは４～６人のグループになる ・動いてよい範囲（土俵）を決め、必要に応じて相撲マットを利用したり校庭にラインを引いたりする
行い方	・片足ケンケンとなり、手の平で相手の手の平や肩などを押すとか、手を使えないように両腕を胸の前で組んで手の平以外で押すなどと決めて行う ・１対１のほか３対３などのチーム対抗で楽しむ
ゴール	・相手の攻撃をかわしながら、相手の上げていた足が床や地面に着くようにバランスを崩したり決めた範囲の外に押し出したりすることを楽しむ

初めはペアで行うなどスモールステップを踏んでから集団化に

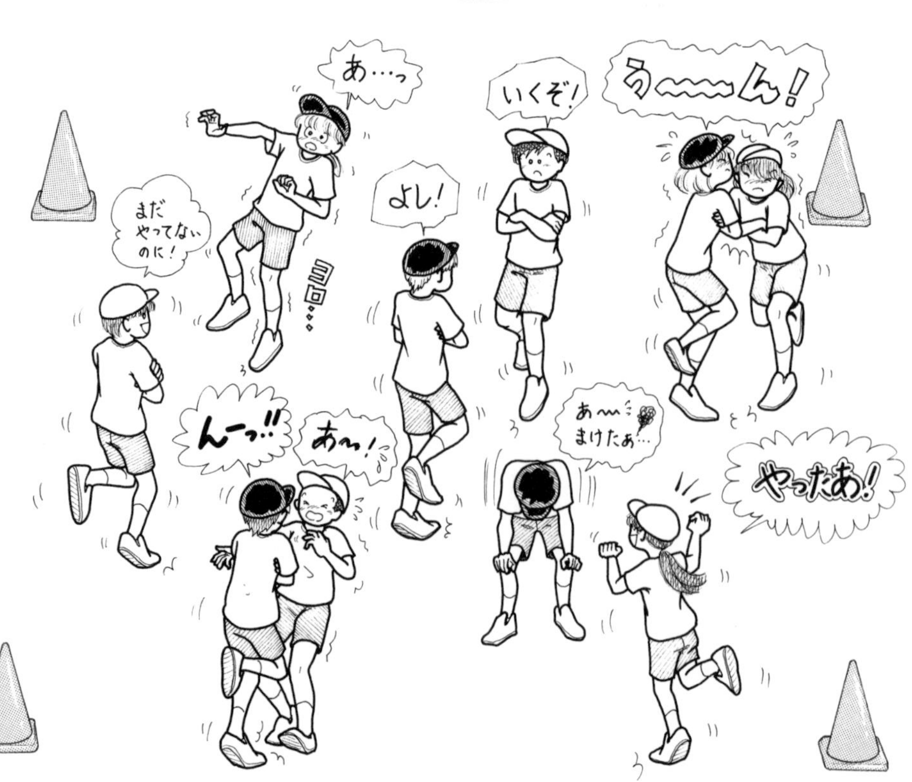

その他

「その他」には、体を移動する動きを多く含む運動、コーディネーション系の運動が多い構成となった。

ジャンケンで展開していくゲームは、体力や運動能力ではなくむしろ偶然や運が勝敗を左右するので、競争として楽しむのだけれども誰が勝つか分からないところに面白さがあり、体を動かすことが得意・不得意に関係がないところが良さだ。そのゲームに動物や乗り物などの動きを模倣することを取り入れたり行う会場を工夫したりすることで、他者になりきることや普段の生活の動きにはない体の動かし方を楽しむことができる。これまでにあまり行わなかった新しい体の動かし方を体験することにつながれば幸いだ。例えば「座る」・「寝る」から「起きる」・「立つ」までの動きに新しい出会いがあるかもしれないし、年齢が大きくなるほど行うことの少ない「這う」動きなどがそれだ。

リレー遊び系もいくつか紹介している。一般的には「思い切り走る」ことやコーナーを「調子よく走る」ことに楽しさの中心があるリレー遊びだが、ゴールまでに課題解決的な内容を含ませると単なる走力頼みの競走にはならないだろう。

コーディネーション能力とは調整力のことで、運動を目的に合わせて調整（コントロール）する能力のことである。教科としての体育の学習で扱うとなれば、正しく行うことが大事な目的になるかもしれないが、できれば初めはレクリエーション的に失敗や間違いを楽しんでもらいたい。つまり正確に行うことはその後で目指せばよいことと考えている。さらにその後半には脳トレ系の軽運動を紹介しており、１人でも少しのスペースでも行うことができて、特別な用具を必要としないものをいくつか紹介しているので、例えば算数の時間の導入時や席替え後などいろいろな時間に気軽に楽しんでもらえればと思っている。

どんジャンケン

設　定	・子どもたちの力に無理のないコースを設定する ・２チームを編成する
行い方	・各チームで順番を決めて１列を作り、それぞれの先頭の人がスタートする ・対面したら「どーん！」とそれぞれの手の平を合わせた後、ジャンケンをする ・負けた方は勝った方に進路を譲り、負けた方の次の走者が新たにスタートする
ゴール	・相手のスタート地点（下のイラストではフラフープ）で最終ジャンケンを行い、このジャンケンに勝った（相手の陣地を奪った）方を勝ちとする ・制限時間を設ける場合は、相手陣地側への侵入の程度で勝敗を競い合う

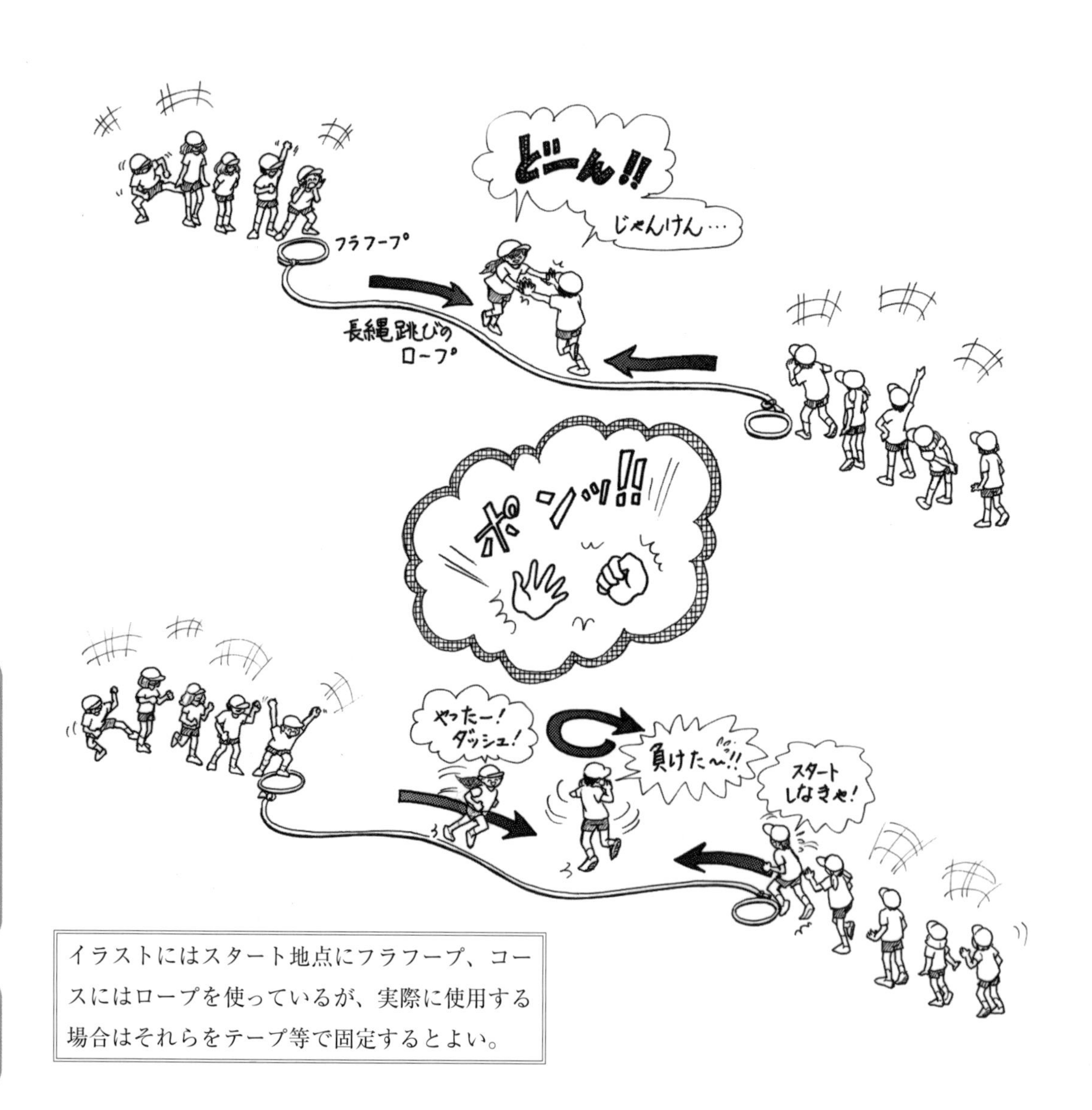

イラストにはスタート地点にフラフープ、コースにはロープを使っているが、実際に使用する場合はそれらをテープ等で固定するとよい。

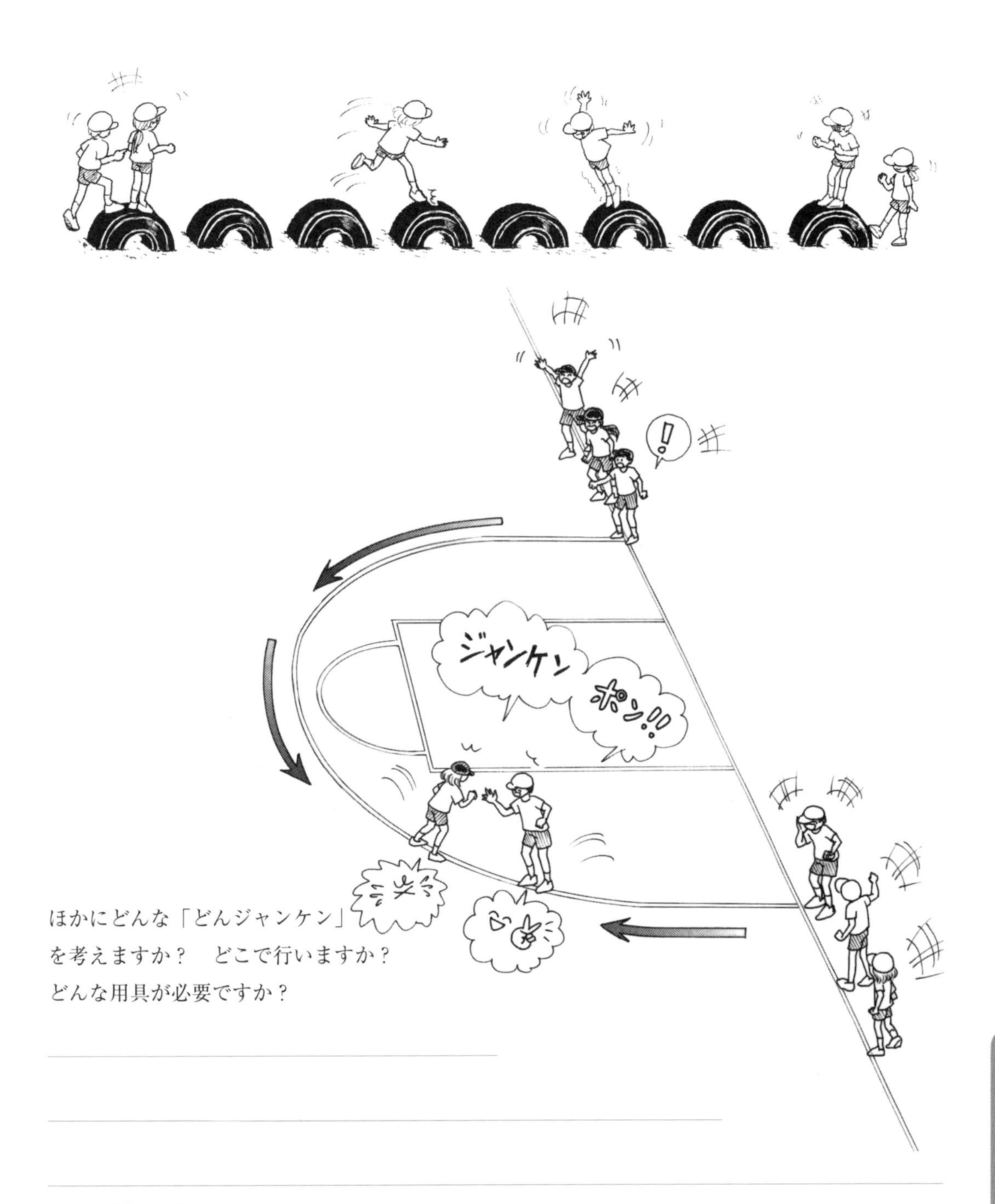

ほかにどんな「どんジャンケン」を考えますか？　どこで行いますか？
どんな用具が必要ですか？

エピソード

ある幼稚園の年長さん（全員男児だった）は、三輪車で豪快にどんジャンケンをしていました。２組に分かれてそれぞれ２台ずつ合計４台の三輪車を使いながら、出会いがしらにタイヤとタイヤを激しく「ドカーン！」とぶつけ合っています。ハンドルとハンドルの間やタイヤとタイヤの間に手や足を挟んだり他の遊びをする人と衝突したりしないような安全確保ができていれば問題ない……かな？

変身ジャンケン

設　定	・人数に合わせて動いてよい範囲をあらかじめ決めておく ・動物や乗り物など３～４種程度のものにジャンケンで変身していくゲームで、例えば、ここではヒヨコ・ネコ・クマの３種の動物とする
行い方	・全員ヒヨコからスタートし、同じ仲間同士とだけジャンケンをすることができる ・ヒヨコ同士でジャンケンをして勝ったらネコになることができ、ネコ同士でジャンケンをして勝ったらクマになれ、負けた場合はそのまま ・ヒヨコは「ピヨピヨ」としゃがみ歩き、ネコなら「ニャアニャア」と四つん這い、クマなら「ガオー」と二足歩行。これらの声を発し、その恰好をすることで、同じ仲間を見つけやすくする
ゴール	・クマ同士でジャンケンをして勝てばアガリとし、できるだけ早くアガルことを競い合う

【教材研究】

キーボード等で音楽を演奏し、音楽が止まったところでジャンケンをするというような行い方もでき、そのことによりさらに運動量が確保できる。

最後にヒヨコ・ネコ・クマそれぞれ１人ずつ残るはず残った人は運がなかっただけととたらえたい

進化・退化ジャンケン

設　定	・人数に合わせて動いてよい範囲をあらかじめ決めておく ・人間の一生を、赤ちゃん（「バブバブ」・四つん這い）、子ども（「ランラン」・スキップ）、大人（「スタスタ」・早歩き）、お年寄り（「ボチボチ」・腰を曲げて杖を突く）の４段階で表す
行い方	・全員赤ちゃんからスタートし、同じ仲間同士とだけジャンケンをすることができる ・赤ちゃん同士でジャンケンをして勝ったら子どもになることができ、子ども同士でジャンケンをして勝ったら大人になることができ、大人同士でジャンケンをして勝ったらお年寄りになることができ、負けた場合は１つ戻る ・赤ちゃん同士でジャンケンをしたときに負けても赤ちゃんのままとする
ゴール	・お年寄り同士でジャンケンをした後に勝てばアガリ（天に召される）とし、できるだけ早くアガルことを競い合う

前の頁「変身ジャンケン」の退化ありバージョン。退化のルールが入ると若干複雑になるが小学校高学年なら理解できる。決着がつくまでに時間がかかり、動いてよい範囲を広げればより運動量を確保できる。

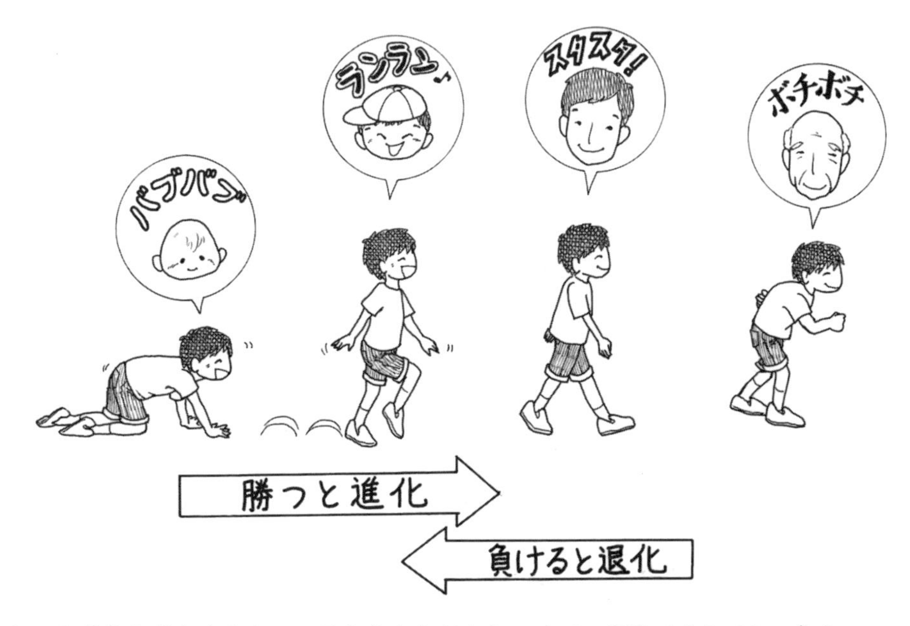

ほかにどんな進化を考えますか？　子どもからどんなアイデアが出てくるでしょう？

例　卵→オタマジャクシ→カエル

いろいろな座り方

設　定	・人数に合わせて動いてよい範囲をあらかじめ決めておく
行い方	・お山すわり（体操すわり）、お父さんすわり（あぐら）、お母さんすわり（正座）、赤ちゃんすわり（長座）の４つの座り方を覚えたら、指示を早くして姿勢の変化を楽しませる ・加えて近似した新しい動きを紹介し、挑戦させる
ゴール	・できるだけ早く正確に座り方を連続してチェンジすることを楽しむ ・近似した新しい動きへのスムーズな移行や挑戦を楽しむ

【お山すわり】

《例　飛行機のポーズ》

《例　お尻歩き》

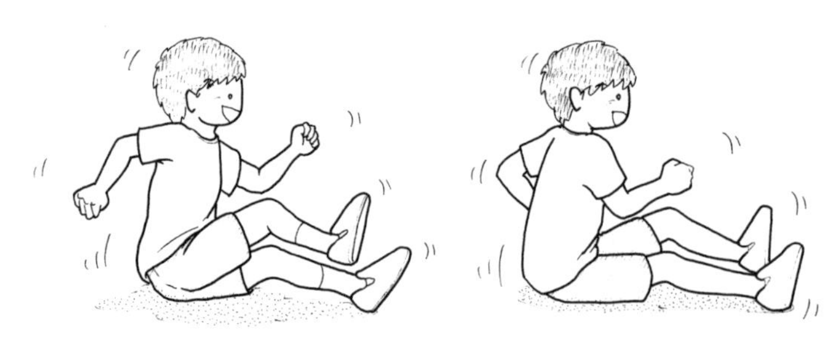

【お母さんすわり】

《例　ジャンプして着地》

【お父さんすわり】

《例　だるま転がり》

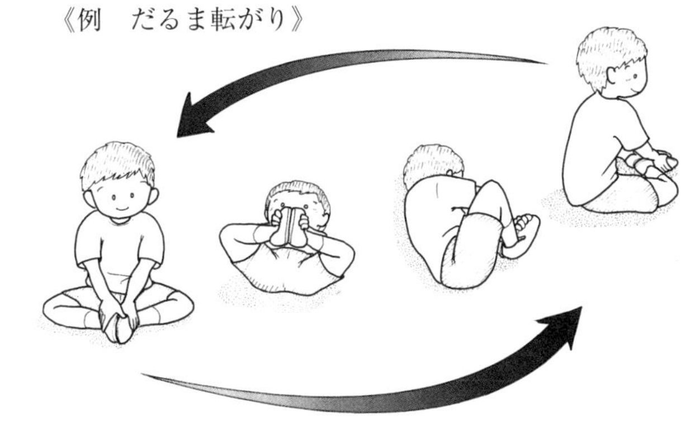

《例　カエル逆立ち（ヒヨコ逆立ち）》

【赤ちゃんすわり】

《例　ゆりかご》

《例　背面支持倒立》

動物の動きや乗り物の動きなど、アイデアを子どもたちから募りたい

ひっくり返しゲーム（カードめくりゲーム・コーン倒しゲーム）

設　定	・人数に応じた広さのコートを決め、集合（スタート）ラインなどを示す ・表が白色、裏が赤色などの大型カード等を人数以上の枚数用意し、コート内に散りばめる
行い方	・合図でコート内にあるカードを自分のチームの色にひっくり返す ・終了の合図で元の位置に戻り、赤白それぞれのカードを数える ・カードの数え方は、拾い集めて高さで比べたり、「1、2、3…」と単純に数えたり、参加する子どもの発達段階に合わせて行う
ゴール	・制限時間内に自分のチームの色のカードを相手チームより1枚でも多くすることを競い合う

【教材研究】使用する用具について

《段ボール製の大型カード》

筆者の作成した物は、縦横40cm×30cm・厚さ５mmほどの段ボール製で、表裏一面に赤と白の画用紙を貼った物である。ほかに、くまさんやリスさんの絵など、学級名やチーム名に合ったイラストで飾るのもよい。

《お風呂の洗い場マット》

キャラクター図柄のお風呂マットは、表側にキャラクターの絵があり裏側は無地のものが多いが、ソフトな手触りで安全性が高い。カットする必要があるが、厚さが15～20mmと厚めなので扱いやすさはある。キャラクターの絵のほかに、動物、ひらがな、英単語等のデザインもある。発泡スチロールカッター（電熱線）で切るとよい。

《コーンやマーカー》

親子対決のときなどにオススメで、縦長のコーンの場合は子どもがコーンを寝かせ親御さんが立たせるとか、マーカー（円盤コーン）の場合は子どもが安定型に親御さんが不安定型に置くなどの方法がある。

どう考えますか？

・ゲーム終了後の数の数え方や片付け方

・１つの場所からなかなか動かない子への対策

・３チームで競い合うとき

おっかけリレー（パシュートリレー）

設　定	・２チームを編成し、走者数がそれぞれ同じになるようにする ・下の絵のようにコースを決め、２か所のスタート地点を決める ・スタート地点は、バトンタッチの地点でもありゴール地点でもある
行い方	・それぞれのチームのスタート地点から２チームが同時にスタートし、バトンをつないだりタッチをしたりして次走者と交代していく ・どちらのチームからも約半周の差がついた相手チームの背中が見えるはずなので、それを目標にさせる ・接戦になるとゴールが同一でないので勝敗の判定が難しくなるが、チーム全員が座ったらゴールなどと決めて勝敗を決する
ゴール	・途中で一方の走者が他方の走者に追いついてタッチするか、最終走者が速くゴールした方を勝ちとし、競走を楽しむ

保育園や幼稚園の園庭にあるトラックのサイズくらいがちょうどよいだろう

ランニングビンゴ

設　定	・5～6人または8人くらいまでの人数のチームを編成する ・スタートラインを決め、その先に円盤マーカー（白色）を方形に9個並べる ・2チームの対戦形式とし、走順を決めて先頭から3人までがチームカラーの円盤マーカーを持つ
行い方	・スタートの合図で第1走者がスタートし、9個の白いマーカーのどこでもよいので自チームカラーのマーカーを1枚かぶせ、戻って第2走者とタッチして交代する ・第2走者は9個の白いマーカーの内、既に置かれている箇所以外に自チームカラーのマーカーを1枚かぶせ、戻って第3走者と交代する ・第4走者以降は、既に置かれている自チームのマーカーを拾い直して使う ・すぐに勝敗が決することも多いので2回戦・3回戦とできるようにし、続きの走者からスタートできるようにするとよい（常に毎回第1走者に戻らない）
ゴール	・相手チームより先に自チームカラーのマーカーをタテ・ヨコ・ナナメに3つ並べること（ビンゴ）を競い合う ・相手チームのビンゴを阻止するためにはどのように置けばよいのか、自チームがビンゴを成立させるためにどのように置けばよいのか、自身で考えると同時にチーム内の指示やアドバイスを受けながら行う

ボール配置・回収リレー

設　定	・5～6人ほどのチームを編成する ・下の絵のようにコースを決め、ボールなどを置く場所としてフラフープ等を用いる
行い方	・スタート順（オーダー）、回収物、回収場所や配置場所を決めさせる ・スタートの合図でコース内にあるボールをいったん回収し、すべて回収し終わった後、元通りに配置する ・オーダーによって速さも順位も変わってくると思われるので、3回戦ほど行うのがよい
ゴール	・メンバーの走力などに応じたオーダーや役割をチームごとに考えて、回収や配置を競い合う

コースパターンや配置個数、
ボールの種類などアイデアは
子どもたちから募りたい

パイプライン

設　定	・6～8人程度のグループを複数編成する ・スタートラインから10mほど離れたところにゴールとなるバケツ等を用意する ・ハーフパイプ（約30㎝）を人数分用意し、使用する球は参加者のレベルに応じて①ビー玉、②ゴルフボール、③ピンポン玉とする（①が最も難易度が高い）
行い方	・一人一人がパイプをつなげるように持って球を転がし、自分のパイプを通過したら先頭に動くということを繰り返す ・“落下”した場合はスタート地点に戻ってやり直しとする ・“逆流(ゴール方向と反対にボールを動かすこと)”や“停止”を禁止とするなどルールを設ける
ゴール	・ゴールに到達する達成感を味わったりゴール時点のタイムを競ったりする ・他グループとの対抗戦としてゴール到達の速さを競い合う

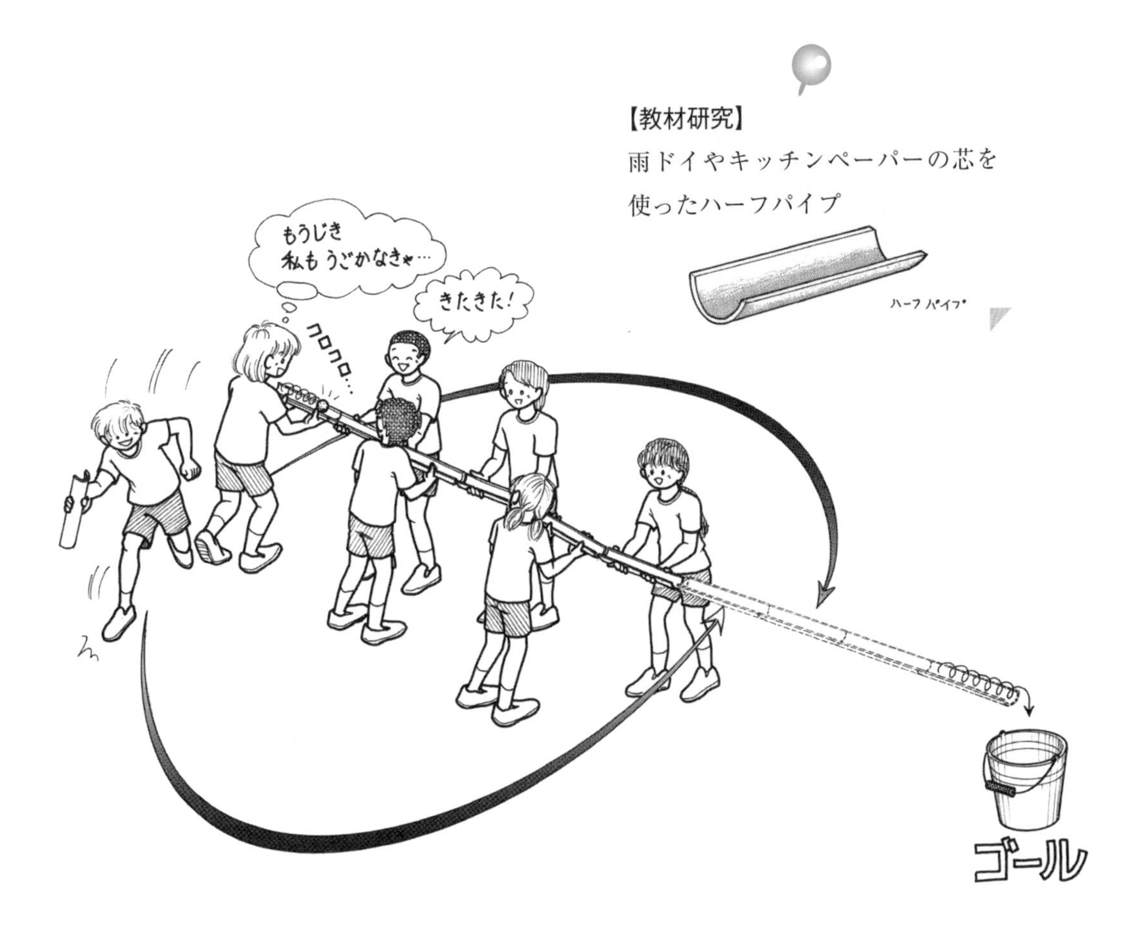

くじらの噴水

設　定	・5～6人程度のグループを編成する ・約2m×2m四方のブルーシート、ボール（大小各種）を用意する ・対抗戦にするときはどのグループにも差がなく同規格のボールが用意されることが望ましい
行い方	・全員でシートの端を持ち、シートの上にボールを置く（初めは2つくらいから） ・シートでボールを跳ね上げ、床に落下する前にキャッチする ・キャッチできるのは1人で1個までとする ・成功のたびにボールの数を1個ずつ増やしていく
ゴール	・グループの人数と同数のボールをキャッチすることを目標に制限時間内にできるだけ多くのボールをキャッチすることを楽しむ ・他グループとの対抗戦としてキャッチしたボールの個数を競い合う

届けろドーナツ

設　定	・５～６人程度のグループを複数編成し、グループに１つのフラフープを用意する
行い方	・全員がピストルを模った指（下のイラスト）でフラフープを持ち、全員の指に必ず触れた状態でフラフープを運んだり床（地面）に下ろしたりする ・１人でも指から離れてしまった場合は、初めの位置からやり直しとする
ゴール	・意図していないフラフープの動きを楽しむ ・指定された場所にフラフープを運んだり下ろし終えたりすることを目指し、他のグループと速さを競い合う

あんたがたどこさ

設　定	・5～6人グループで手をつなぎサークルになる
行い方	・「あんたがたどこさ」の歌とリズムに合わせて、全員同一方向、例えばここでは右方向に両足同時ジャンプで回るように動く ・歌詞の中に「さ」が出てきた箇所だけ、反対（ここでは左）方向にジャンプする
ゴール	・「さ」の部分に注意して息を合わせながら歌の終了までたどりつくことを楽しむ

歌詞を知らないことも多いので掲示などの工夫を

あんたがたどこさ　肥後さ
肥後どこさ　熊本さ
熊本どこさ　船場（せんば）さ
船場山にはたぬきがおってさ
それを猟師が鉄砲で撃ってさ
煮てさ　焼いてさ　食ってさ
それを木の葉でちょいと隠（かぶ）せ

豆知識

『あんたがたどこさ』は諸説あるが、童歌（わらべうた）の中の手まり歌の1つで、正式な題名は『肥後手まり唄』らしい。主に女児の遊びだったようで、歌詞の「さ」でまり（ボール）をまたぎ、最後の「隠せ」でまりを袴（はかま）で覆うようにしゃがみ、まりが袴から転がり出してしまったら失敗、と楽しんでいたようである。やがて袴からスカートに移行したようだ。

２人で向かい合って行う方法もある。最初の両足ジャンプの１歩目を互いに右方向と決め、「さ」の箇所だけ前方向に跳ぶという約束で始める。最後まで間違わなければ、２人はずっとぶつかることなく「それを木の葉でちょいとかーぶーせ」を迎えることができる。

「あんたがたどこさ」などの童謡や流行の歌でほかの楽しみ方を考えてみましょう

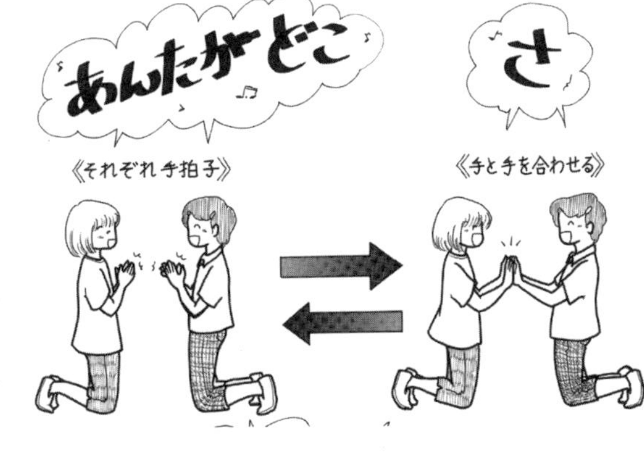

言うことおんなじやること？（パニックパニック）

設　定	・クラス全員やグループで、大きなサークルまたは横1列などになり手をつなぐ
行い方	・①「言うこと一緒やること一緒」②「言うこと反対やること反対」③「言うこと一緒やること反対」④「言うこと反対やること一緒」の4つのパターンがあり、③や④は難しいので、対象の年齢に合わせて行うようにする ・リーダーは「みーぎ（右）」「ひだり（左）」、「まーえ（前）」「うしろ（後ろ）」の号令をかける。②の場合、リーダーが「みーぎ」と言ったら「ひだり」と言って左にジャンプする。③の場合、リーダーが「まーえ」と言ったら「まーえ」と言って後ろにジャンプする。ほかに「たーつ（立つ）」「しゃがむ」「（手を）上げる」「下げる」などが、①や②では行うことができる。 ・慣れてきたら、「前、後ろ、後ろ」とか「右、右、前」など⑤3回連続で号令をかけ3連続で動きを楽しむという方法もある
ゴール	・号令に合った動きができたか自己評価し、仲間と向かい合ったり手をつないだりして、できたことや失敗したこと自体を楽しむ

【教材研究】設定について

例えば、①は幼稚園児・保育園児以上のみなさんなら全員できるはず、②は反抗期真っただ中のみなさんや反抗期を順調に通過したみなさんなら簡単にできます、③は思春期真っただ中のみなさんなら難しくありません、④は大人の社会には大いにあることです、などと言って盛り上げるとよい。

③言うこと一緒やること反対

④言うこと反対やること一緒

⑤3連続

大人の講習会では②の行い方で3連続を無理なく行うことができる

MEMO

けんけんジャンプ

設　定	・カラーリング（３色）を床に配置し、複数のコースを設ける
行い方	・例えば、赤色のリングには右足、青色は左足、白色は両足を着くと決める ・１つのコースだけでなく複数のコースを体験できるようにする ・リングとリングの間隔を工夫したり配置を変えたりするなど、コース設定を変化させながら行う
ゴール	・渡りきるまでの速さを競い合う ・リズムよく渡りきることを楽しむ

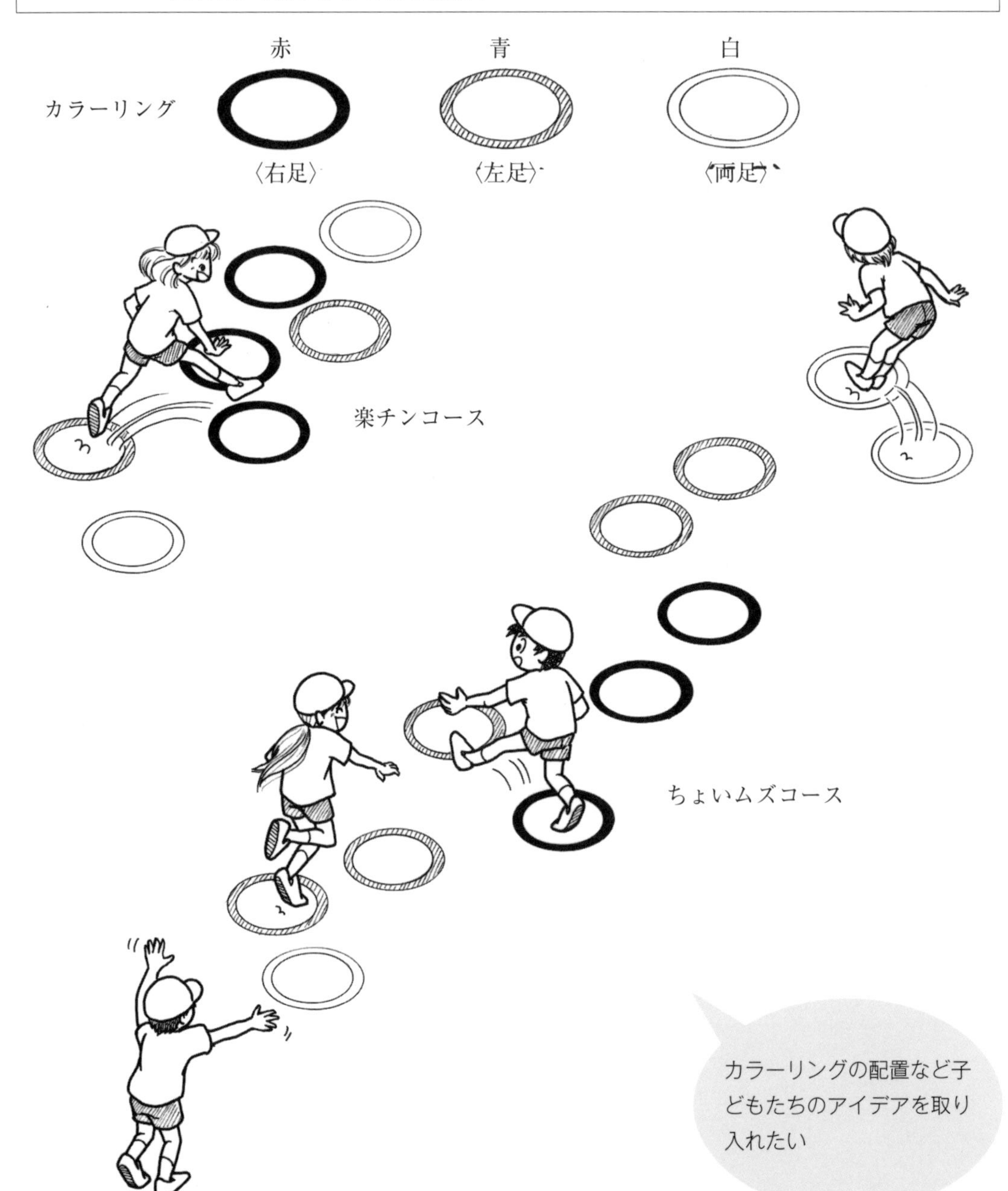

グループで・チーム対抗で

みんなで

計算ジャンケン（足し算・掛け算）

設　定	・ペアを作る　　・場所は問わない
行い方	・ジャンケンのグーを数字の１、チョキを数字の２、パーを数字の５と決める ・３回戦行って２勝した人同士、２敗した人同士で行うなどペアを変えていく ・初めは足し算、しばらくして掛け算へと発展させる
ゴール	・出た目で暗算して相手より先に答えることを競う ・自分の反応の調子（早い・遅い）を確かめながら楽しむ

【足し算】

【掛け算】

エピソード

運動量は決して多くないが、筆者は、小学生の運動教室の導入場面、大学生の座学の授業やＰＴＡの講演会等の場でのアイスブレークとしてよく使う。雰囲気がすぐに和らぐことが多い。また、これを通して何となくその日の調子が分かり、脳の瞬発力を楽しく鍛えられるのではないかと感じている。

「ももたろう」ゲーム

設　定	・サークルや横１列などになり、右手人差し指を下向きに、左手指を筒状にする ・隣の人の筒状部分の手に自分の人差し指を上から差し込むようにつながる
行い方	・「キャッチ」の合図で、隣の人の人差し指を捕まえ、自分の人差し指は捕まらないようにする練習を１～２度行う ・「お」が発せられたら「キャッチ」の合図と同じことをするゲームであることを伝え、『ももたろう』のお話の朗読を始める
ゴール	・『ももたろう』の朗読を聞きながら「お」が発せられそうな瞬間を予測し、最後まで捕まらないことや何度も捕まえることを目指して楽しむ

むかしむかしあるところに
おじいさんとおばあさんがすんでいました
……
どんぶらこ～どんぶらこ～とおおきなももが
……
……
めでたしめでたし　おしまい

その他の簡単なコーディネーション運動

【耳・鼻チェンジ】　【駆け足フラフープ回し】

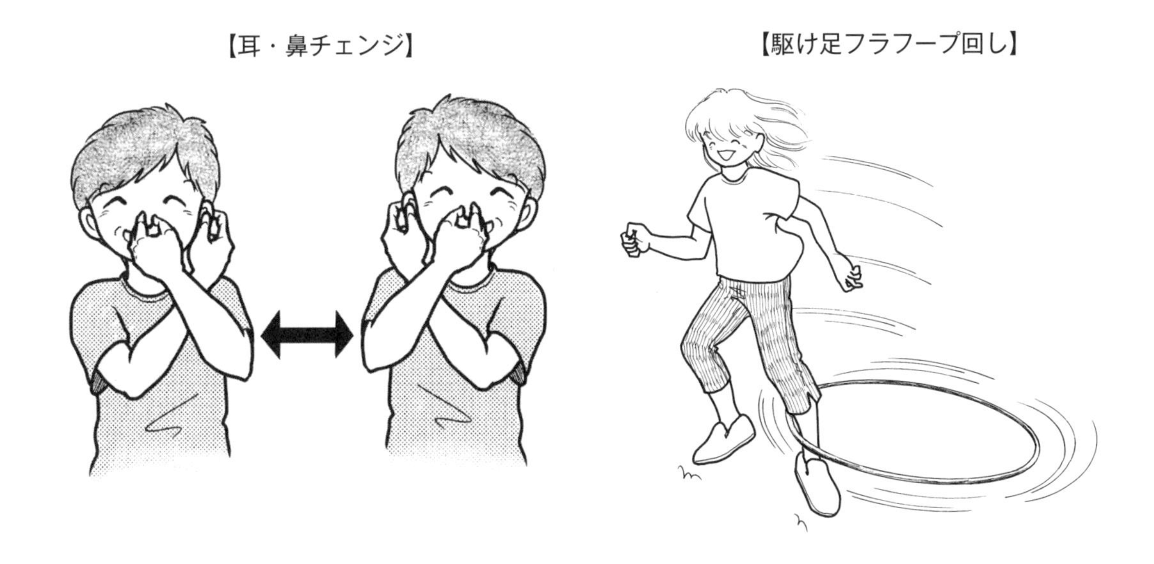

【肩・上・肩・前・肩・横・肩・下】（初めは両手同時に行い、慣れたらどちらかの手が一方より1つ先行）

【タロウとジャック】

【スリスリトントン】

（パーはスリスリ　グーはトントン）

指導者の「チェンジ」の声で右と左を変える

【ボール投げ上げビブス着脱】

オリジナルのコーディネーション運動を作ってみましょう！

・子どもでもお年寄りでもできる楽しいものを

・軽く、適度に体を動かすものを

ボール遊び・ボール運動系

巻末資料（p.72）の小学生の体力テスト３世代比較からも分かるように、ボールを投げる能力が最も低下した能力ではないかと心配されている。投能力は、ベースボール系の遊びやドッジボール系の遊びなどから身に付いていくものと思われ、投能力が低下している事実から同時に「捕る」「受ける」ことも未熟なことが想像でき、ほかに「つく」「弾（はじ）く」「打つ」など、ボールを扱うこと全般がままならなくなっている可能性を心配している。

ボールを操作する動きを高めるために、子どもたちにはまず１人１個のボールを扱える環境を整えたい。ボールの種類も多く、子ども自らが選択できることが理想だ。次の頁のイラストにあるように様々なボールが市販されているので参考にしてほしい。

まず、ボールそのものが持っている特徴を楽しませたい。それは、“ふにゃふにゃしている”“凸凹している”“ツルツルしている”“柔らかい・硬い”“大きい・小さい”などの形や感触の特徴でもあり、“転がる”“弾む・跳ねる”“落ちる”“浮く”“飛ぶ”などの動きの特徴もそうである。そして、そのボールを扱う遊びを通して目と手そして足などへの協応動作が養われ、やがて動いているボールに合わせて自身をコントロールする能力も身についていく。このように多様な経験を通してボールに親しみ、そしてボールを操作する感覚を磨いていくという過程を大切にしていきたい。

ボールを使った運動遊びは、前半に課題達成に楽しさの中心があるもの、後半にチーム対チームで勝敗を競うことに楽しさの中心のあるものを挙げる。

いろいろなボール

■イレギュラーバウンドボール

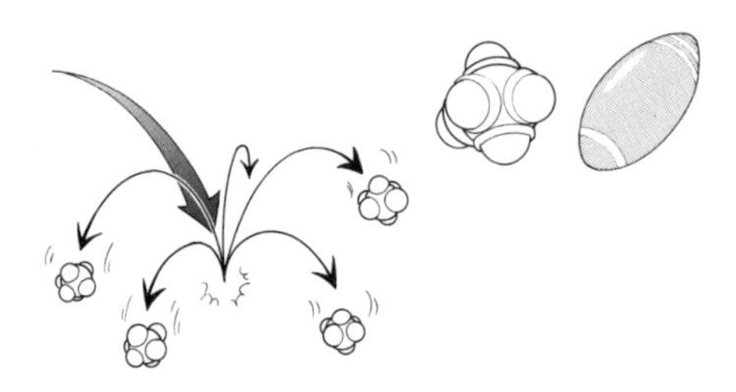

■ピンポン玉

■スーパーボール

口に入れられる大きさなので注意

■ジャベリックボール（「ヒュー」と音が鳴るタイプもある）

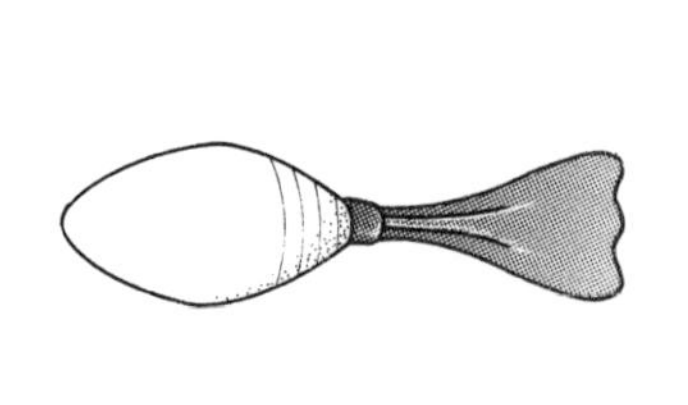

■バランスボール

もたれたり乗ったりできるのが大きな特徴。直径40～60～80cmと３種類ほどの大きさがある。

■オーボール

握ると潰れ、離すと元に戻り弾力性に富む。網目で、球状のもの、音が鳴るものなど20種類以上の商品があり、赤ちゃんの知育玩具として人気がある。

■子ども用Ｔボール

ソフトボール大で柔らかく素手で扱うことができるものがある。

■タオルボール

■新聞紙玉

グルグルボール

設　定	・5～6人または8人くらいまでのグループを作りサークルになる ・隣同士の距離は初めのうちは近いほうがよい
行い方	・サークルの全員が内側を向き（または全員が外側を向き）、右回りまたは左回りにボールをすぐ隣の人に渡す ・慣れてきたら隣同士の距離を少し広げる ・1個のボールに慣れたら2個目、3個目のボールを入れ、追いかけ合うなど扱う幅を広げる ・3周回すことができたグループから座るなどとルールを決めて競争させる
ゴール	・隣の相手と落とさずに渡す・受け取ることができるようになる ・少し離れた相手と投げる（下手投げ）・捕る（手のひら取り）が正確にできるようになる

サークルボールパス

設　定	・1人1個のボールを持ち5～6人のグループを作りサークルになる
行い方	・サークルの全員が内側を向き、ボールを真上に投げた間（または他にワンバウンドさせた間）に右または左回りに1人分動き、隣の人が放（はな）ったボールを捕る
ゴール	・どこにどのくらいの高さで投げればよいか、どのくらいの力でワンバウンドさせたらよいかを考え調整しながら、全員がボールを落とさないで捕ることを目指す ・全員が外側を向いて挑戦したり連続成功することに挑戦したりする

リアクションゲーム

設　定	・2人ペアとなり、柔らかいボールや新聞紙を丸めた物、タオルなどを用意する
行い方	・一方が長座の姿勢や寝る姿勢となり、もう一方はそのすぐ傍らに立ってボールなどを自然落下（勢いをつけずに落下）させる ・落とす場所は、①両脚の間、②顔のあたり、③おへそのあたりとする ・落とす高さを変えたり落とすフリ（フェイント）をしたりして難易度を変える（③が最も難易度が高い）
ゴール	・脚にボールなどが当たる前に開脚したり腹や顔に当たる前に首を曲げたり体をくねらせたりしてかわす ・反応が遅れ体に当たってしまうことがあるので、その場合は手で防ぐことを認め安全に楽しく行う

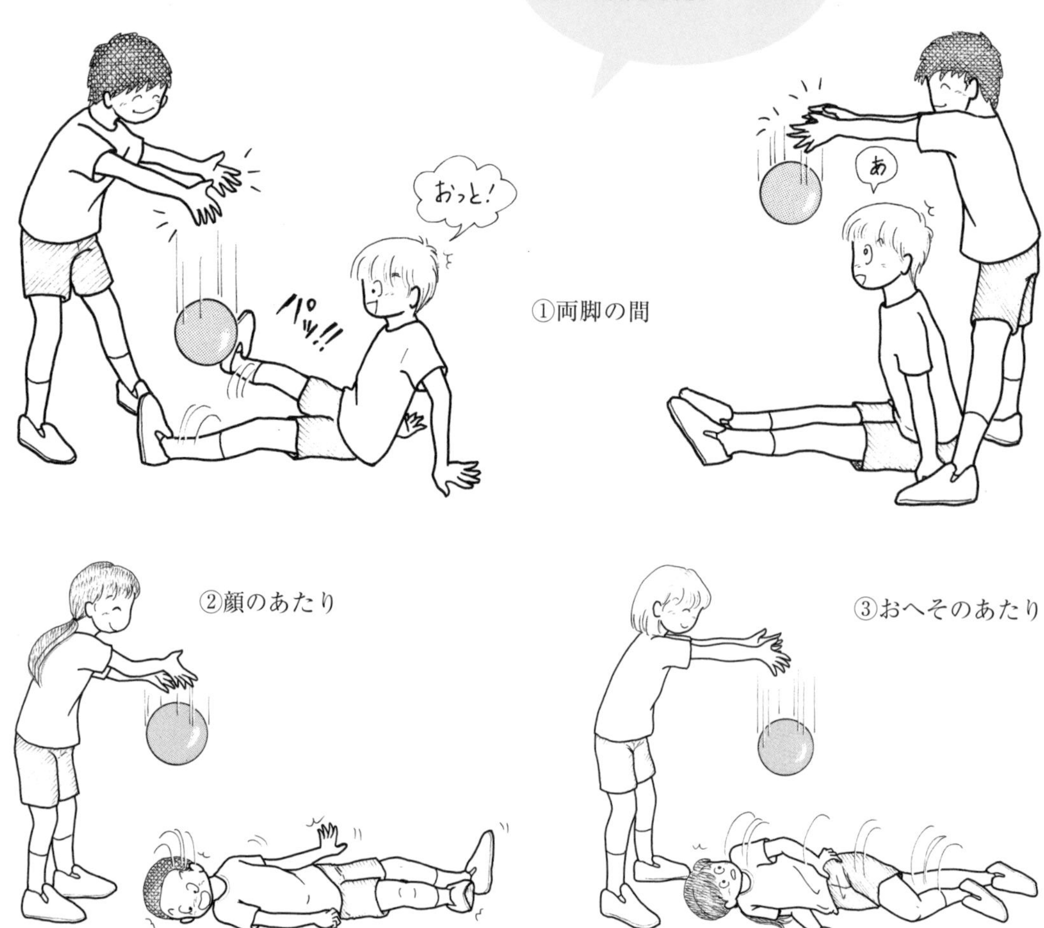

ボールリリース＆キャッチ

設　定	・２人１組を作り、タオルやボールなどを１個用意する
行い方	・向かい合って一方の人がボールやタオルを持ち、もう一方の人は捕る準備をする ・捕る準備の仕方は、①あらかじめ落下位置に付近に手を出しておく、②ポケットの中に手を入れておく、③背中側に手を組んでおく、④ボールより高い所に手を置くなど年齢や経験に応じて変えるようにする（④が最も難易度が高い） ・徐々に初めの高さを低くしたりフェイクを入れたりする
ゴール	・床に落下するまでに捕る

【教材研究】

２～３歳児の子どもにとっては、①のようにあらかじめ手を差し出していてもボールを捕れないことがある。ボールは触れてもつかみにくいことが災いして落としてしまうことがあるので、タオルや新聞紙を丸めた物などがよいかもしれない。p.58で紹介した「オーボール」も扱いやすいボールの１つだ。落下地点が多少前後左右しても捕れるようになってきた時、子どもたちの目線はしっかりとその落下物に向いていて集中しているはずだ。そうなれば落下位置をあえて前後左右にズラしたり落とすふりをしたりして揺さぶるとよい。そして②→③→④と難易度を上げていく。

①手を下に
②手はポケットの中に

③手は後に

④手はボールより上に

2つのボールのうち、どちらかをタッチまたはキャッチ

ボールオンザボール

設　定	・２人ペアとなり１人１個のボール（３号級程度の大きさ）を用意する
行い方	・１人が両手で持つボールの上にもう１人がやさしくボールを乗せる ・慣れてきたらやさしく投げられたボールをボールの上でキャッチする
ゴール	・ボールの上でボールのバランスをとり、落ちないように数十秒安定させる ・投げられたボールは弾まないように衝撃を吸収した後、同様にバランスをとる

ボールチェンジ

設　定	・１人１個のボール（３号級程度の大きさ）を持つ
行い方	・先に紹介したボールの上でボールのバランスをとりながら保持し、上のボールと下のボールを入れ替える ・上のボールを持つと同時に下のボールは落下するので、床に落下するまでの間に保持した上のボールを落下する下のボールに潜り込ませ、バランスをとる
ゴール	・慣れてきたら連続にチャレンジする

バウンドゲーム（2人でまたは3人で　4人でダブルス）

設　定	・2人ペアとなり適度に弾むボールを1個、フラフープを1つ用意する
行い方	・2人がフラフープを挟んで向かい合い、一方がボールをフラフープの中にバウンドさせるように投げる（攻撃） ・もう一方はバウンドしたボールをいったん受け取り（守備）、同様にフラフープの中にバウンドさせるように投げ（攻撃）、これを交互に繰り返す ・受け取る方法から手の平で打つ方向に移行していく
ゴール	・相手が受け取りにくいバウンドになるように角度をつけたり、大きくバウンドさせたり小さくバウンドさせたりして相手を揺さぶり、受け取れなかったら1点 ・5点先取制などとし、交代しながらたくさんの相手と対戦を楽しむ

攻撃の順番を決め3人で行う方法や、4人で行ってダブルス制にする方法もある。4人で行うほかの方法に「天大中小」というゲームがあるので次のページで紹介する。

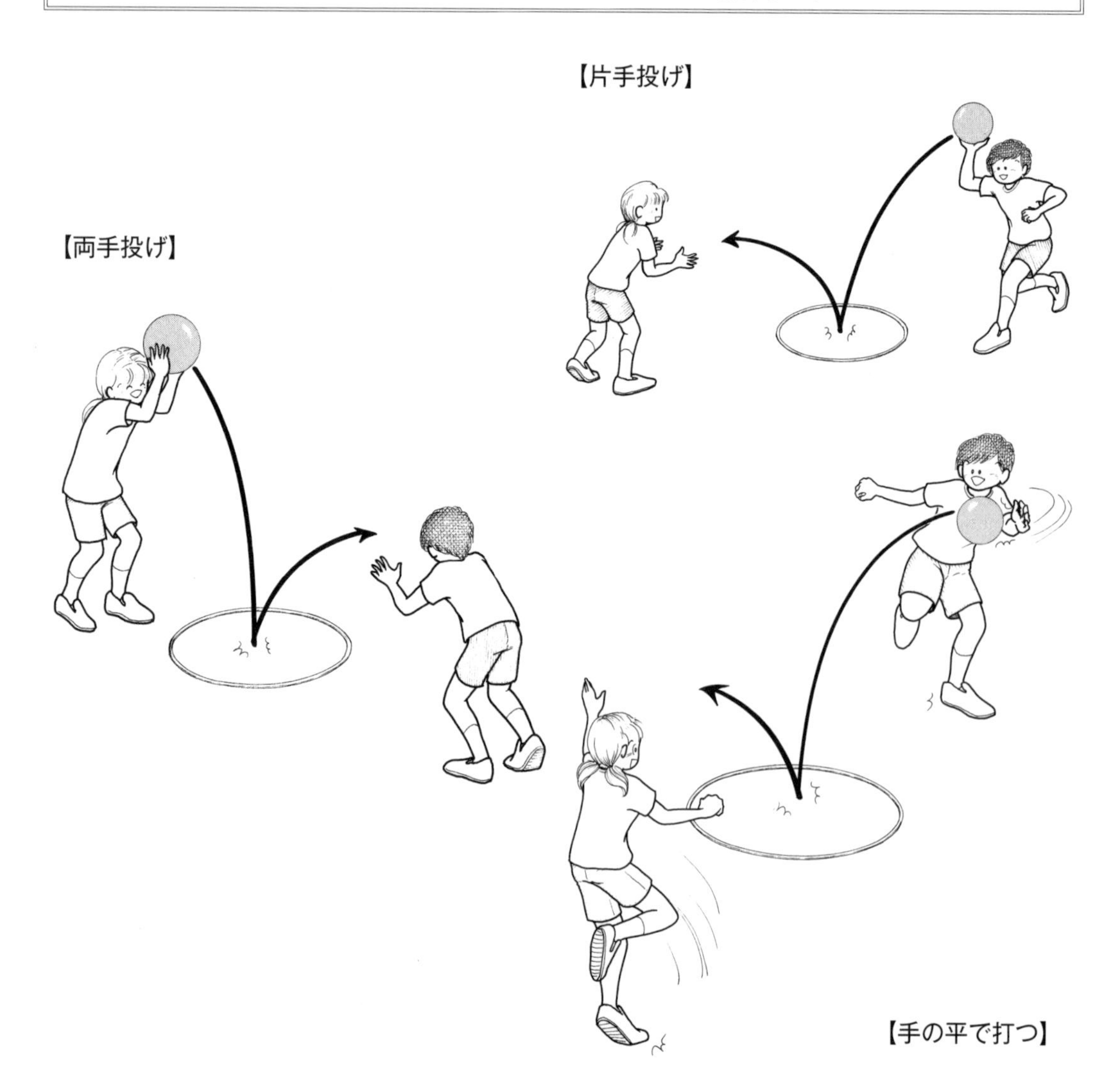

天大中小

設　定	・会場に「田」の字を描き、適度に弾むボールを１つ用意する ・「田」の字の４つのマスは、天・大・中・小を表す ・４人がプレーし２〜３人が控えとなる
行い方	・下手打ちの方法で行う ・天→小→天とバウンドパスしたところでスタートすると決め、どこのマスでもよいのでマスの中を狙ってバウンドさせる ・線より外のバウンドや線上のバウンド、自陣マス内でのバウンド、２バウンド以上は「失敗」とする ・天の人が失敗したら大に降格し大の人が天に昇格、大の人が失敗したら中に降格し中の人が大に昇格、中や小の人が失敗したら控えに回る
ゴール	・自分は「失敗」しないように力を加減しながら、相手が「失敗」しやすいバウンド狙い、「天」にできるだけ長く在籍することを目指す

宝取りゲーム

設　定	・３～４チームを作り、三角形や正方形のコートを用意して、各コーナーと中央にボール置き場とするかごや箱を用意する ・参加人数に応じて宝（ボール）を10～20個程度用意する
行い方	・チームごとに走順を決めて自チームのかご（箱）の横に並び、中央または相手チームのボールを１個ずつリレーしながら取りに行く ・取ったボールは抱えて自チームのかご（箱）内に入れ、次の走者はタッチしたらスタートできる ・取りに来た相手を邪魔することは禁止とする
ゴール	・制限時間内に宝（ボール）をたくさん取ったチームが勝ちとなる

セブンスボール（ナナコ）

設　定	・４チームを作り、正方形のコートを用意して、４隅と中央にボール置き場となるフラフープ（かごでもラインでもよい）を用意する ・４隅にはボールをそれぞれ１個ずつ、中央には３個のボールを置き、合計７個のボールを用意する
行い方	・チームごとに走順を決めて自チームのフラフープ（かごまたはライン）の後ろに並び、中央または相手チームのフラフープ内にあるボールをリレーしながら１個ずつ取りに行く ・取ったボールは抱えて自チームのフラフープ内に置き、次の走者はボールを置いたらスタートできる ・取りに来た相手を邪魔することは禁止とする ・自陣にボールを３個置いた時点で勝ちとする ・短時間で勝敗が決することがあるので、２回戦、３回戦と行う ・抱えて行う方法に慣れたら、ドリブルで移動する方法や投げてパスする方法に変更するなど工夫する
ゴール	・相手チームのボールが３個にならないようにさらにいち早く自陣のボールを３個にするために、どこから取ればよいのか判断しながら勝利を目指す

集まりっこベースボール（並びっこベースボール）

設　定	・チームを作り、下の絵のようなコートを作る ・バットで打って行う場合は、バッティングティーやウレタン製のバット、９～12インチのウレタン製ボールを用意する（グローブを使用せず素手で行える）
行い方	・守備側は、打たれたボールを捕ったら、その周りに全員が移動してできるだけ早く所定の姿勢（輪になって手をつないで座る・肩に手を置いて１列につながり座るなど）をとる ・攻撃側は、守備側が所定の姿勢をとる前に３種のコーン（１点・３点・５点等）のいずれかを選択しコーンにタッチしてホームに帰る ・守備側が所定の姿勢をとる前に攻撃側がホームに帰還できたとき得点となる
ゴール	・得点の多いチームが勝ちとなる

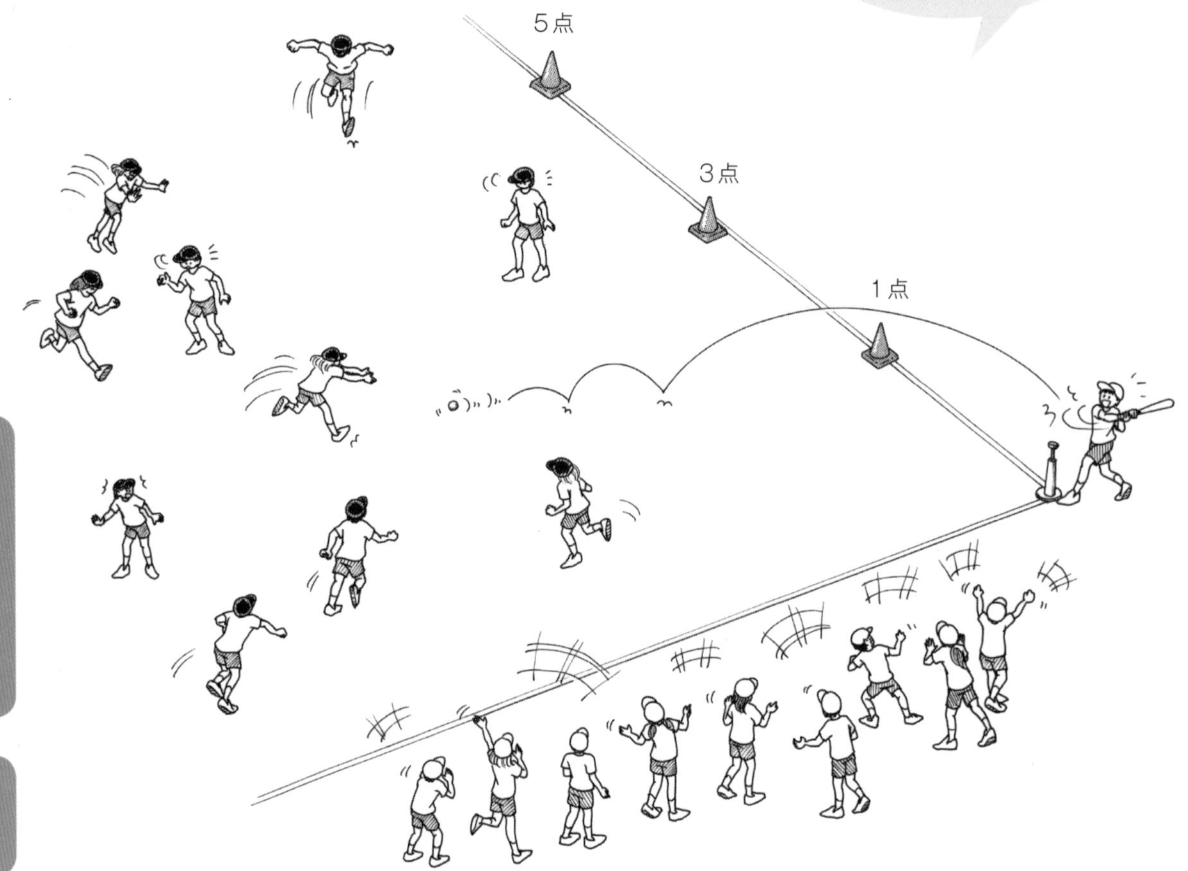

打った後のバットはそっと
置くように指導する

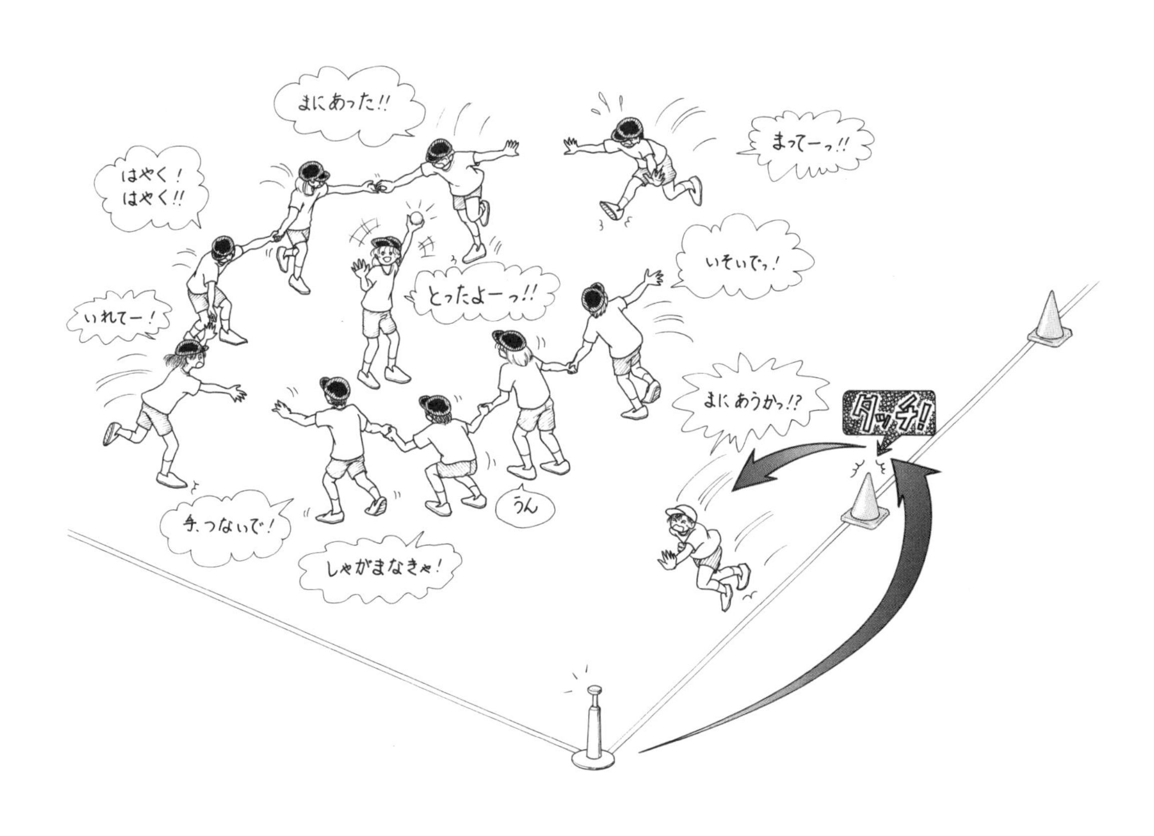

【教材研究】

■次の点についてあらかじめルールを決めておく。
・打撃側の全員が打った（蹴った）時点で攻守交替なのか３アウト等で交替なのか
・３振や４ボールについて
・浮いたボール（フライ）を直接キャッチしたとき
・中継プレーについて
・ホームベースに帰還した後にもさらに得点チャンスがあるときの扱い

■ホームランの区域を設定しておく。

■バットを使うほかに、キックベースボール方式で行う場合もある。その際は、３号球程度のあまり固くないボールを用意するとよいだろう。

ボール当てドッジボール

設　定	・チームを作り、ラインや壁をゴールとしたコートを作る ・大玉（バランスボールなどのボール）を１～３個用意し、ほかに参加人数の２倍ほどの小玉（手にとって投げやすいボール）を用意する
行い方	・入ってよいエリア（ボールを投げてよいエリア）を確認し、中央に大玉を配置したところからスタートする ・自陣にあるボールを投げたり転がしたりして大玉に当て、相手陣地に押しやってゴールを目指す
ゴール	・制限時間内に大玉をゴールラインに超えるようにぶつけ、得点の多いチームが勝ちとなる

流れ球に当たらないように
気をつけさせたい

MEMO

巻末資料

1　50m 走、ボール投げ、反復横とびの三世代比較

下の図１は、体力テストが初めて行われた昭和39年（1964年）から平成25年（2013年）までのちょうど50年間の10歳の男女の「50m 走」「ソフトボール投げ」「反復横跳び」の全国平均値である。つまり平成元年（1989年）がちょうど中間点（25年目）であった。この50年間で、例えば「連続逆上がり」という測定種目が廃止されたり「立位体前屈」が「長座体前屈」に変更されたりしてきたが、変わらず行われてきたものが「握力」や以下の３種目である。

50m 走は、男女とも平成元年の10歳が最も速く、男女とも最近の子どもが２番手である。

ボール投げは、男女とも最近の子どもの平均値が最も低い。投能力の低下が著しいことが分かる。

反復横跳びは、最近の子どもの平均値が最も高い。最近の子どもたちは、昭和39年の子どもたちの体格（身長や体重）を上回っており、中でも身長は６～７cm高くなっている（昭和39年の10歳男子の平均値は133.2cm、女子は133.5cm。平成25年男子は139.0cm、女子は140.1cm）。スラリと足が長くなった最近の子どもたちは、１m 隣にあるラインを踏む・またぐという動作が行いやすくなったと考えられなくもなく、一概に体力が向上した（敏捷性が高まった）とは言いにくい。

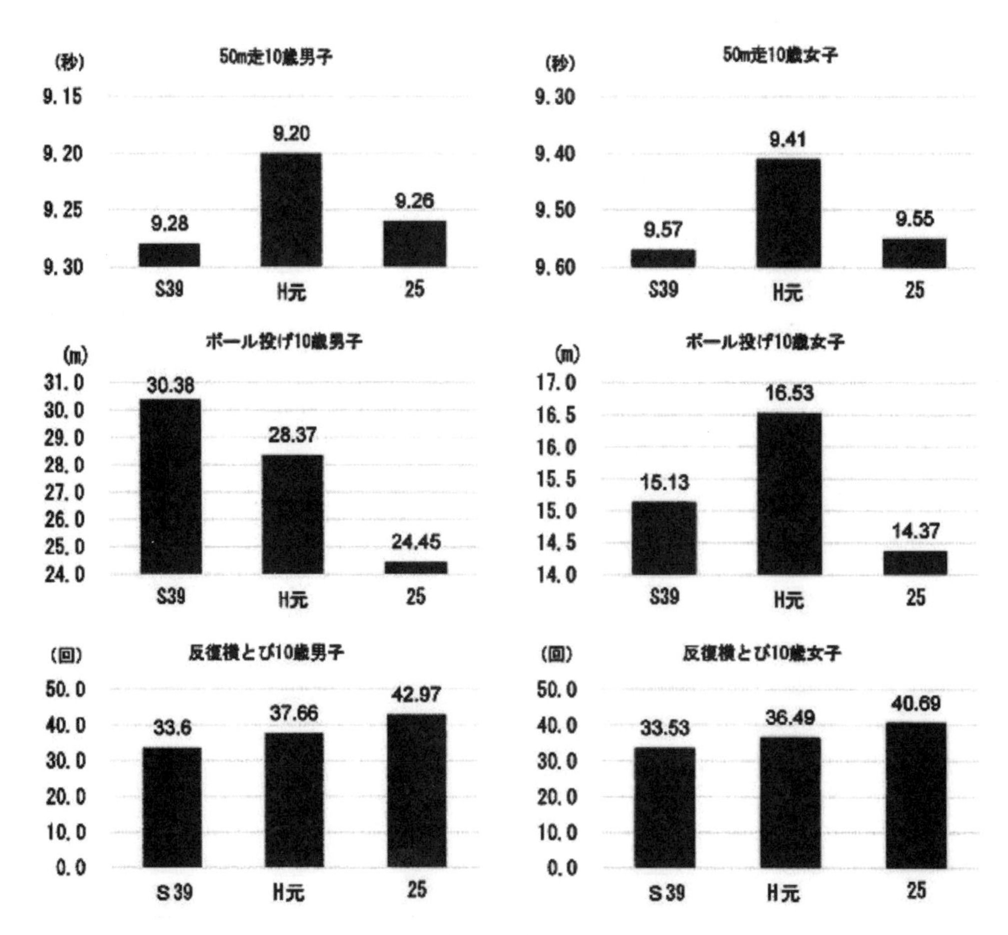

図１　10歳の50m走、ボール投げ、反復横とびの三世代比較（出典：文部科学省）

2　肥満傾向児の出現率の推移

肥満傾向児とは、性別・年齢別・身長別標準体重から算出し、肥満度が20％以上の者を指す。例えば図２の平成30年男子の10.01％とは、肥満度20％以上の者の割合が11歳男子児童全体の10.01％であることを意味している。2003年（平成15年）あたりからおおむね減少傾向または横ばい傾向であった肥満傾向児だが、2018年（平成30年）以降微増しているのが気がかりなところである。スクリーンタイムの増加傾向が指摘されたところに、さらに新型コロナウィルス感染症が加わった。感染症拡大防止のために休校措置がとられ“ステイホーム”や“お家時間”が合言葉になった。これらの措置や新しい生活様式と呼ばれるものが子どもたちの肥満傾向に拍車をかけていないか見守る必要はありそうだ。

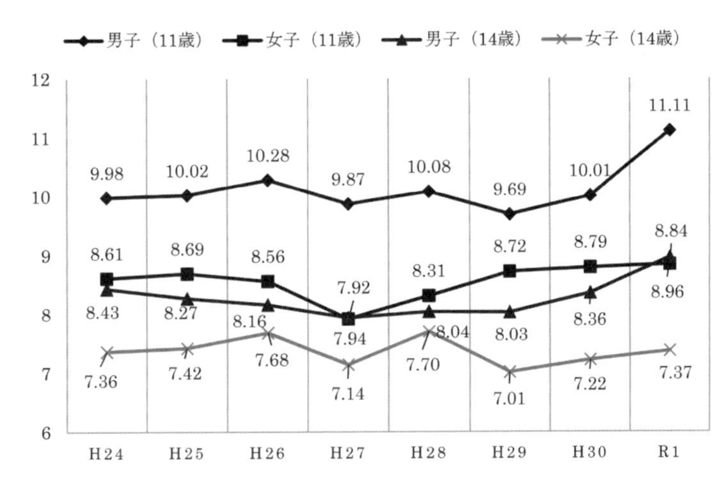

図２　肥満傾向児の出現率の推移〈出典：文部科学省「学校保健統計調査報告書」より筆者作成〉

3　2019年の子どもの体力

スポーツ庁の発表によると2019年（令和元年）度の全国体力・運動能力、運動習慣等調査から、小中学生の体力合計点は男女ともに前年度から低下し、小学生男子は平成20年以降の最低記録であった。

子どもの体力は、低下傾向が指摘され始めてからすでに15年以上経過する。筆者は2004～2006年（平成16～18年）に勤務した長野県内の小学校で「子どもの体力向上実践事業」（文部科学省指定事業）に取り組んだ経緯がある。全国で採択された50余りの地域がこの事業に取り組み、子どもの体力向上や運動離れを食い止めるための様々な方策が検討・試行され、効果的な取り組みは実践集などで紹介された。その後、全国の子どもたちの体力は徐々に横ばい傾向となり、種目によっては微回復傾向となった。

長野県では、各小・中学校の体育主任らが集まる「体育・スポーツ研究協議会」が毎年行われ、各校で作成する「体力向上プラン」を持ち寄って情報を共有している。また､「１校１運動」といって、その学校の主軸とする具体的な運動・運動遊びを決めるなど特徴的な取り組みをしてきた。これらの成果もあって体力は回復傾向であったが、2019年に長野県の子どもたちの体力も急落するのである。小・中学生の男女とも前年度の得点を下回り、特に中学生は男女とも全国と比べて体力合計点の低下率が高かった。

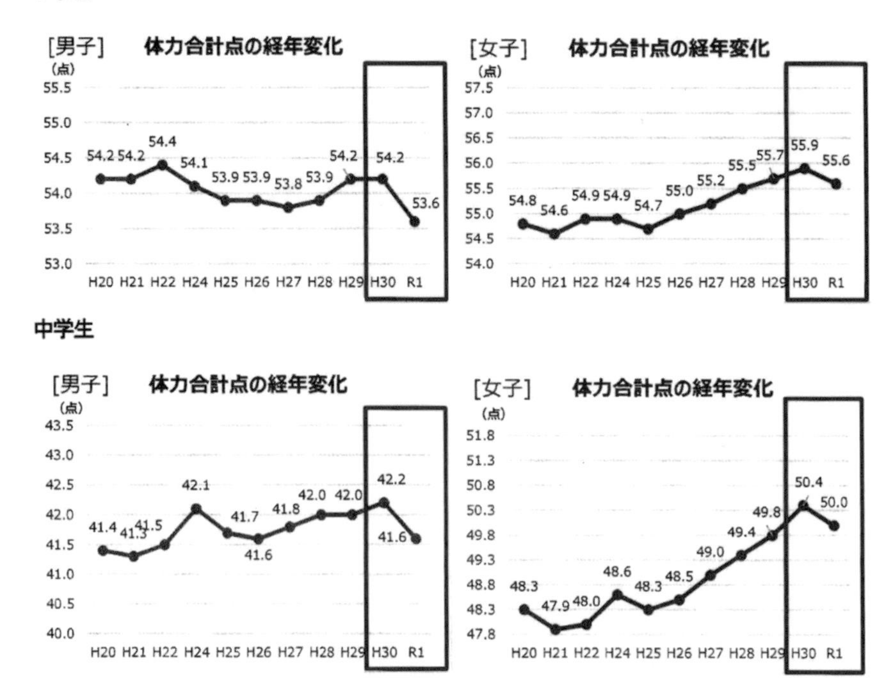

図３　小学５年生・中学２年生の体力合計点の経年変化（出典：スポーツ庁）

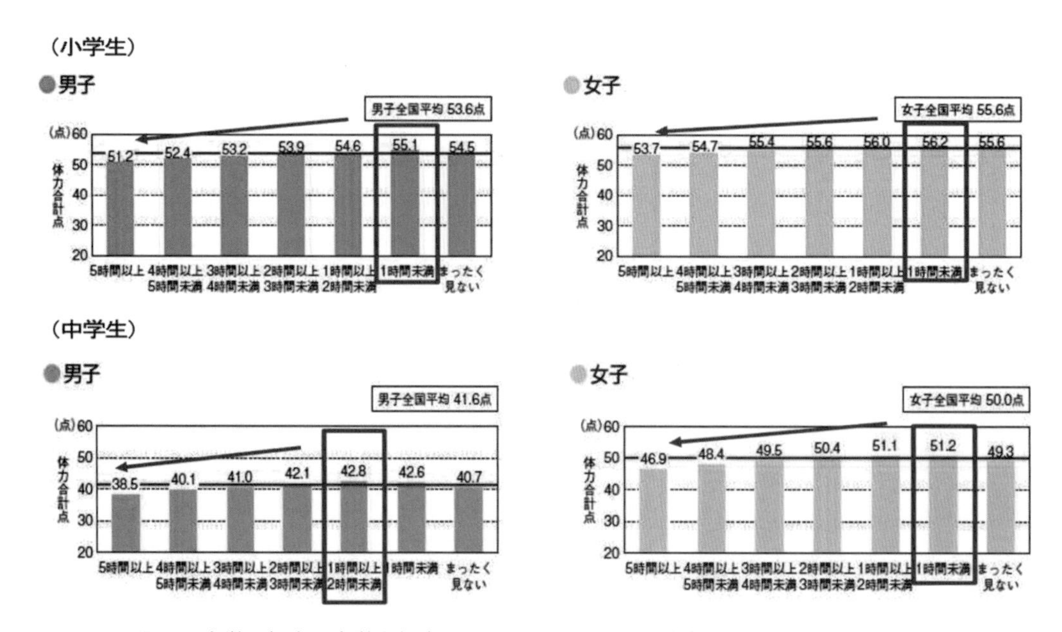

図４　小学５年生・中学２年生のスクリーンタイムと体力合計点（出典：スポーツ庁）

スクリーンタイムは小・中学生ともに男子で長時間化していて、１日５時間以上の小学生が15.4%、中学生は11.8%で、いずれも前年度より0.2ポイント増加した。そして、小・中学生の男女ともにスクリーンタイムが長いほど体力合計点数が低いという傾向がみられる（図４）。

幼稚園・保育園指導案参考例

令和○年 2月○日　　　　　　　　　　　　　　指導者名　◇◇ ○○

ねらい	寒い中でも元気に体を動かし全身で遊びを楽しむことができる。			
運動遊びの名前 内容	「おしくらまんじゅう」 背中合わせで座り、チームで協力して押し合い、競う。			
段階	時間	環境構成・準備	予想される子どもの活動	指導・援助
導入 はじめ	7分	〈A隊型〉 保	○保育者の前に集合し、着席する。 ・保育者の質問に興味を示し、意欲的に答える。 ○遊び方の説明を聞く。 ・遊び方を理解する。	○集合の声を掛け、質問をして、子どもたちの興味をひく。 「おしくらまんじゅう知ってる人〜？」 ○遊び方の説明をする。 ・大事なポイントは質問風にして確認する。
展開 なか	15分	保　チーム列 〈遊び方〉 ①チームごとに線に合わせて真っすぐに並び背中合わせで座る。 ②同じチームの隣同士で腕を組む。 ③保育者の「せーの！」という声掛けで、みんなで歌い始める。 ④保育者の合図で歌うのを止め、全力で押し合う。 ⑤保育者の合図で押し合うのを止め、また歌い始める。これを繰り返す。 ⑥決められた線から出たチームが負けとなる。	○ゲームを楽しむ ・力の強さの違いで、倒れてしまう子がいる。 ・勢いが強い子がいる。 ・チームで力を合わせて一生懸命押し合う。 ・大きな声で歌を歌う 「おしくらまんじゅう押されて泣くな」 ・どちらが勝っているのか分かりづらい 赤が強い　白が追い上げた ・体が温かくなる子が多くいる。	○安全に気をつけて遊びを始める。 ・倒れてしまった子がいたときは、すぐ合図を示し、歌に切り替える。 →歌っている間に体勢を整えるよう声を掛ける。 ・勢いが強い子に対して「○○君、チームで合わせて！」などと声を掛け、ケガのないように配慮する。 ・保育者も一緒に歌ったり、ゲームの実況をしたりと、楽しい雰囲気を作り出す。 ・勝敗が中々つかず、拮抗しやすいが旗の付いた棒を用いて決めるなど工夫する。どちらが優勢かを伝えるなどして意欲化を図る。 ・長くても1分くらいの勝負とする。
終末 まとめ	3分	〈A隊型〉	○今日の遊びを振り返る ・最初の隊型に整列する ・ゲームの感想を思い思いに発表する	○遊びをまとめる ・子どもたちの声を拾いながらゲームの感想を聞く。 「あたたかくなったかな〜？」など ・消極的な子にも目を付け、感想を聞く。
反省 課題 評価				

令和　年　月　日　　　　指導者名　○○　□□

ねらい	ルールややり方を覚え、たくさん体を動かす
運動遊びの名前 内容	「ムカデしっぽとりゲーム」 2人1組になり前の人がしっぽをとり、後ろの人がしっぽをつけて逃げる。しっぽが多いペアの勝ち。

段階	時間	環境構成・準備	予想される子どもの活動	指導・援助
導入 はじめ	5分	〈やり方〉 ・2人1組を作り、後ろの人にしっぽをつける ・しっぽをとられたら2人の間に入る	○説明を聞く ・2人組になって座る ・やり方やルールが理解できない子がいる	○ゲームの説明をする ・ペアができていない子同士でペアを作るように声を掛ける ・実際に見本を見せながら説明をする
展開 なか	20分	・しっぽを取ったら後ろの人がしっぽをつける ・しっぽが全部なくなったら取られたペアの間に入る 〈ルール〉 ・列が切れた状態でしっぽをとることはできない ・しっぽをセットしている間はその子のしっぽを取ることはできない ・しっぽをとる ・1番しっぽが多いペアの勝ち ・前の人と後ろの人が入れ替わって役割交代をする ・ペアを替えて何回かゲームをする	○楽しくゲームをする ・しっぽが取られたことに気がつかない子がいる ・ルールを守らない子がいる ・セットしている間にしっぽを取られてしまう ・前の人はしっぽを取るために追いかけ、後ろの人は前の人についていきながらしっぽを取られないように逃げる ・役割交代をする ・ペアを違う人同士で作る	○安全に気をつけてゲームを行わせる ・「しっぽをとられているよ」と声を掛ける ・もう1度ルールを再確認する ・しっぽをセットする場所をテープを貼るなどして作る ・転んだり、ぶつかったりしないように注意を向ける ・前後入れ替わるように声を掛け、しっぽを配る ・ペアを替えるように声を掛ける
終末 まとめ	5分	〈お話隊型〉 保 子 子 子	○ゲームを振り返る ・それぞれ感想を言う ・様々な意見が出る 「～したらいいんじゃない？」	○ゲームをまとめる ・感想を聞く 「どんな所が楽しかった？」と聞く ・新しいしっぽとりゲームのアイデアを聞く
反省 課題 評価				

令和　年　月　日　　　　指導者名　○□　◇○

ねらい	ボールを使い、相手に当てる、ボールから逃げる楽しさを感じる。
運動遊びの名前 内容	「中あてドッジボール」（相手、味方 混在型） 2チームに分かれ、決まった位置から相手にボールを投げて当てるゲーム。

段階	時間	環境構成・準備	予想される子どもの活動	指導・援助
導入 はじめ	5分	保 ○○○○○○○○ ○○○○○○○○ ・紅白帽子 ・ボール　・円	○保育者の話を聞く ・友だちと話をしてしまう子がいる。 ・しっかりと話を聞く子がいる。	◇遊び方の説明をする。 ・「これから説明をするよ！ちゃんと聞いてね」と興味を引きつける。 ・8人ずつの2チームに分ける。
展開 なか	15分	・円の外から中にいる相手に向かってボールを投げる。 ・中の人は当たったら外に出て、当てた人は中に入れる。 ・味方に当たった場合は無効。 ・最初は、サークル内に各チーム5人、サークル外に3人。	○中あてドッジボールを行う ・なかなか当てられない子がいる。 ・ボールが回ってこない子がいる。 ・当たったのに外に出ない、当てたのに中に入らない子がいる。 ・当たって悔しくて泣いてしまう子がいる。 ・楽しんで行う。	◇子どもたちの様子を見守りながらゲームを行わせる。 ・ケガ、ケンカ等に注意する。 ・当たった、当たっていないを必要に応じてジャッジする。 ・終了の掛け声をし、中にいる子どもを数える。 ・チームごと作戦会議をさせ数ゲーム行う。 ・休憩、水分補給の時間を十分にとる。 ・必要に応じて、円を小さくしたり、ボールを増やしたりする。
終末 まとめ	3分	保 ○○○○●●●● ○○○○●●●● ・チームごと並ぶ	○感想を言う ・思ったことを素直に言う。 ・恥ずかしがって言えない子がいる。 ・恥ずかしい子を応援する。	◇感想を聞く。 ・勝ったチーム、負けたチーム両方の子に感想を聞く。 ・恥ずかしがって言えない子に寄り添う。
反省 課題 評価				

令和　年　月　日　　年長児クラス(男子8名 女子8名 計16名)　　指導者名 

ねらい	ルールや行い方が分かり、いろいろな友達とタオルの取り合い遊びを楽しむ
運動遊びの名前 内容	「どっちが早く取れるかな？タオルの取り合いゲーム！」 ペアで向かい合ったり背中合わせになったりして、号令の後に置いたタオルを先に取る遊び

段階	時間	環境構成・準備	予想される子どもの活動	指導・援助
導入 はじめ	4分	○○　○○ ○○　○○ ○○　○○ ○○　○○ ●保育者 ・タオル(手ぬぐい) ・時計(ストップウォッチ)	○今日の遊びを知る ・保育者の方に体を向ける ・遊びの名前を知り、やり方についての話を聞く ・遊びを理解し、早くやりたいと思う	◇今日の運動遊びを伝える ・体を向け話を聞くよう促す ・行い方を簡単に説明する ・代表の子どもを1人選び、保育者と一緒に見本になってもらうことを依頼する
展開 なか	15分	タオル あ 頭がぶつからないように2人の距離について配慮 肩　頭　おへそ (背中合わせで) 色々な友達とできるように ローテーション	○行い方やルールを知る ・見本のお友達と先生を見る ・タオルの置く場所と初めの姿勢を確かめる ・同じ姿勢をしてみる ・「タオル！」で取ればいいんだな ○友達とペアになって準備を整え、お試し遊びをする ・先生の声を聞こう ・先に取られちゃった ・次は勝ちたいな ○「ボディタッチ」が入る新しい行い方を知り楽しむ ・○○君より早く取りたいな ・△△ちゃんは「タオル！」の号令の前に取ったからずるいよ、と訴える子がいる。 ・肩やひざを触れたよ ○新しいペアや新しい姿勢で遊びを楽しむ ・背中合わせの姿勢から取るのは難しいな	◇見本を見せながら、行い方を伝える ・互いに「前ならえ」をした手が触れ合わないくらいの間を開けて向かい合って立ち、その床にタオルを置く ・「タオル！」の号令で、先にタオルを取る遊びだということを伝える ◇ペアを作った後、遊戯室を広く使えるよう場所を指示し、お試し遊びをする ・「準備はいいですか？」など確認し、静かになったところで「タオル！」の号令をかける ◇「タオル！」の号令の前にボディタッチゲームを入れることを伝え、行わせる ・「頭」「肩」「ひざ」などの号令に合わせてその部位に触れた後に「タオル！」の号令がかかることを伝え、一度行わせてみせる ◇ペアを変えたり初めの姿勢を変えたりして楽しませる ・背中合わせ(お尻合わせ)の姿勢など
終末 まとめ	6分	○○　○○ ○○　○○ ○○　○○ ○○　○○ ●保育者	○今日の遊びを振り返る ・お尻とお尻がぶつかっちゃったけど面白かったよ ・色々なお友達とできて嬉しかった ・○○ちゃんは取るのが早くて1度も勝てなかった ・ボールでもできそう	◇「最後の1回ね」と知らせ、遊びをまとめる ・集合させ姿勢を確認する ・どんなことが楽しかったか、強かった友達は誰だったかなど感想を聞く ・次の遊びにつながる意見やアイデアが出た場合は全体に投げかける ・整列して教室に戻る
反省 課題 評価				

文　献

・東根明人 『楽しみながら運動能力が身につく！　幼児のためのコーデネーション運動』 明治図書（2016）
・岩崎洋子編　吉田伊津美・朴淳香・鈴木康弘 『保育と幼児期の運動遊び』 萌文書林（2014）
・奥田知靖編　NPO法人バルシューレジャパン監修 『子どものボールゲーム指導プログラムバルシューレーレ～幼児から小学校低学年を対象に～』 創分企画（2018）
・倉真智子・大森宏一編著　今西香寿・奥野孝昭・岸本みさ子・杉原香澄・田中真紀著 『子どもが育つ運動遊び』 みらい（2016）
・静岡産業大学　小林寛道監修　小栗和雄・山田悟史・山本新吾郎著 『運動が体と心の働きを高めるスポーツ保育ガイドブック～文部科学省幼児期運動指針に沿って～』 静岡新聞社（2014）
・白金俊二編集　篠原菊紀・寺沢宏次・柳澤秋孝共著 『体動かせ人と関われ頭使え　教育者が知っておくべき運動とコミュニケーションの必要性』 ほおずき書籍（2010）
・杉原隆・河邉貴子編著 『幼児期における運動発達と運動遊びの指導』 ミネルヴァ書房（2014）
・スポーツ庁 「令和元年度　全国体力・運動能力、運動習慣等調査の結果のポイントについて」（2019）
https://www.mext.go.jp/sports/content/20191225-spt_sseisaku02-000003330_2.pdf
・デビッド・L・ガラヒュー　杉原隆監訳 『幼少年期の体育　発達的視点からのアプローチ（第３刷）』 大修館書店（2009）
・内閣府 「青少年のインターネット利用環境実態調査」
https://www8.cao.go.jp/youth/youth-harm/chousa/r01/net-jittai/pdf/2-1-1.pdf
・中村和彦 『運動神経がよくなる本―「バランス」「移動」「操作」で身体は変わる！』 マキノ出版（2011）
・中村和彦監修・編著　東京・山梨「動きづくり研究会」編著 『子どもが夢中になる！　楽しい運動遊び』 学研（2011）
・長野県教育委員会スポーツ課 「令和元年度全国体力･運動能力､運動習慣等調査の結果について」
https://www.pref.nagano.lg.jp/kyoiku/kyoiku/goannai/kaigiroku/h31/teireikai/documents/1059_h1.pd
・日本発育発達学会編 『幼児期運動指針実践ガイド』 杏林書院（2014）
・前橋明 『０～５歳児の運動遊び指導百科』 ひかりのくに（2009）
・文部科学省 『小学校学習指導要領解説』 東洋館出版社（2016）
・文部科学省 「10歳の50m走、ボール投げ、反復横とびの三世代比較(報道発表平成25年度体力・運動能力調査の結果について)」(2013)
https://www.mext.go.jp/b_menu/houdou/26/10/__icsFiles/afieldfile/2014/10/14/1352498_01.pdf
・文部科学省 「学校保健統計調査」
https://www.mext.go.jp/b_menu/toukei/chousa05/hoken/1268826.htm
・文部科学省幼児期運動指針策定委員会 「幼児期運動指針」
https://www.mext.go.jp/a_menu/sports/undousisin/1319771.htm

・文部科学省幼児期運動指針策定委員会 「幼児期運動指針ガイドブック」(2012)
・山本清洋・井上勝子・城弘子 「運動遊びの現状と課題～概念の構築を巡る検討～」 豊岡短期大学論集№13 (2016)
・吉田伊津美編著 『楽しく遊んで体づくり幼児の運動遊び「幼児期運動指針」に沿って』 チャイルド本社 (2015)

著者プロフィール

白金　俊二（しらかね　しゅんじ）　長野県木曽郡南木曽町出身

◇松本短期大学幼児保育学科准教授　星槎大学大学院客員研究員

◇信州大学教育学部卒業、星槎大学大学院修了。長野県内の７校の公立小学校・中学校に教諭として26年間勤務した後、松本短期大学幼児保育学科専任講師を経て現職。

◇教諭時代は体育科の教科主任として、楽しい体育授業の在り方や子どもの体力・運動能力向上のための方策を学校内外に発信した。また、学校部活動の顧問・監督として、東日本大会（中学生剣道）や東海大会・全国大会（小学生陸上競技）に児童生徒を長野県代表として複数回導いた。

◇現在は地域活動として「アンテロープ塩尻フットボールクラブ」に所属し、サッカー・フットサルの指導と審判活動を行うほか、「松本山雅ＦＣスポーツクラブ」の事業と連携してゼミナールの学生と共に子どもの運動教室を開催している。

◇著書　『体動かせ　人と関われ　頭使え』（ほおずき書籍）、『保育内容の指導法健康・表現』（学術文芸出版）

イラスト

薫紫亭（くんしてい）　長野県茅野市出身

◇デザイン制作会社、百貨店販売促進部でグラフィックデザイナーとして勤務。退職後、ビーズアクセサリーの講師、デザイナーとして活動。その後一転、小学校の特別支援学級支援員となり、現在小学校相談室の相談員を務めている。「薫紫亭」の名で一旦休止していた制作活動を再開。

運動遊びのアイデアBOOK

2021年5月13日　第1刷発行

著　者　白金　俊二

発行者　木戸ひろし

発行元　ほおずき書籍株式会社
〒380-0012　長野市柳原2133-5
TEL（026）244-0235㈹
FAX（026）244-0210
http://www.hoozuki.co.jp/

発売元　株式会社星雲社（共同出版社・流通責任出版社）
〒112-0005　東京都文京区水道1-3-30
TEL（03）3868-3275

ISBN 978-4-434-28930-9